山﨑好裕　YAMAZAKI Yoshihiro

入門
数理マルクス経済学

ナカニシヤ出版

目　　次

序章　そもそもマルクス経済学とは何であったのか——1

　　は じ め に　1

　　1. 21世紀の『資本論』　2

　　2.『資本論』と経済学批判　6

　　3. 搾取をどう考えるか　8

　　お わ り に　10

第1部　マルクス経済学のミクロ理論

第1章　搾取と利潤————————————15

　　1−1. 小麦だけの経済　15

　　1−2. マルクスの基本定理　20

　　1−3. たくさんの品物のある経済　26

　　1−4. たくさんの品物のある経済でのマルクスの基本定理　39

第2章　搾取と階級————————————51

　　2−1. 資産のある場合の小麦だけの経済　51

　　2−2. 階級の形成　54

　　2−3. 階級と資産　55

　　2−4. 階級と搾取　59

第3章　価値と価格━━━━━━━━━━━━━━━61

　　3−1.　転形問題　　61

　　3−2.　総計一致の3命題　　65

　　3−3.　労働価値から生産価格への転形　　70

第2部　マルクス経済学のマクロ理論

第4章　所 得 分 配━━━━━━━━━━━━━━81

　　4−1.　勤労者が資本を持たないケース　　81

　　4−2.　勤労者がわずかながら資本を持っているケース
　　　　　　88

　　4−3.　勤労者の貯蓄性向は何を決めているのか
　　　　　　95

第5章　経 済 成 長━━━━━━━━━━━━━101

　　5−1.　経済成長率と資本蓄積率　　101

　　5−2.　微分を使った変化の分析　　105

　　5−3.　弾力性と経済成長の二つのパターン　　110

第6章　景 気 循 環━━━━━━━━━━━━━116

　　6−1.　不安定な経済　　116

　　6−2.　金融のある経済　　122

　　6−3.　資本ストックも考慮した経済　　131

目　次

終章　マルクス経済学は今後何でありうるのか────141

　　は じ め に　　141

　　1.　労働は価値なのだろうか　　142

　　2.　所得分配は何によって決まるか　　145

　　3.　階級とは　代表的個人とは　　147

　　4.　なぜ代表的個人なのか　　150

　　5.　みんなが景気循環を望んでいるのか　　151

　　お わ り に　　154

索　　引　　159

序　章

そもそもマルクス経済学とは
何であったのか

は じ め に

　カール・ハインリヒ・マルクスは言うまでもなく 20 世紀の社会主義革命を生起させた思想家である。しかしながら、現代世界に公然と社会主義を名のる国が皆無となっていることに対応して、マルクスの著作を読む人はもはや少ない。だが、こうは考えられないだろうか。政治や権力といった本来学問と関係ない雑音が消えた今だからこそ、マルクスの思想や経済を巡るマルクスの考え方を虚心に見直すことができると。

　マルクスが体系化したとされる経済の見方を以前はマルクス経済学と呼び習わしていた。日本は、このマルクス経済学が大学を中心とするアカデミズムの世界で、かつては盛んに論じられた国である。私の母校である東京大学には戦前、『日本資本主義発展史講座』から名付けられた講座派の経済学者たちが集っていた。この講座派と考え方を異にしたのは労農派と呼ばれる経済学者たちであり、グループの名は彼らの拠った雑誌から来ている。

　労農派に近いところから宇野弘蔵が出て、マルクスの書いたものを理論的に純化しようとする一方、現代経済を分析する方法論

を整備して、戦後、若い研究者の人気を集めた。この経済学者た
ちを宇野派と呼んだが、私が在学していたころの東京大学経済学
部には宇野派の偉い先生方とそのお弟子さんがたくさんいた。私
は現在福岡大学の教授であるが、九州大学にはかつて「宇野派に
は関門海峡を渡らせない」とのたまわった向坂逸郎がいたので、
関門大橋を渡って赴任するときに少しドキドキした。

　やはり戦後、神戸大学の置塩信雄やイギリスで教えた森嶋通夫
は、数学を使った数理マルクス経済学を世界に先駆けて展開し
た。数理経済学を専門とする私のマルクス理解は彼らの業績に負
うところが大きい。本書ではそうしたなかから見えてくる、マル
クス経済学の、現代でも価値のある本質を明らかにすることを目
的としている。

1. 21世紀の『資本論』

　フランスの経済学者トマ・ピケティは、日本で『21世紀の資
本』と題されて翻訳されたフランス語の分厚い本を出版した。こ
れは英語などに翻訳されて世界的ベストセラーになり、固い内容
と気難しい現代経済批判に満ちた本としては異例の人気を見せ
た。日本でも翻訳が売れたのは、同書の主題である所得格差の拡
大が当時の日本で大きく取り上げられていたことと関係があるだ
ろう。また、それは、やはり同書に書かれているように21世紀
になってからの世界的な傾向でもある。

　ピケティは元々アメリカで数学的な経済学の研究者として活躍
していたが、突如一転して、世界の膨大な税務記録を調査し、そ
こから現代経済学が事実上無視してきた所得格差の大問題を摘出

した。ピケティによれば、19世紀から20世紀前半にかけての大きな所得格差は、20世紀後半に入ってずっと縮小の傾向を見せていた。しかし、21世紀の声を聴くと反転して拡大を続けているという。私もアメリカに住んでいたことがあるのでわかるが、日本やヨーロッパで育った人間がアメリカに行くと、アメリカの格差社会ぶりに驚くものだが、そういう意味でピケティの変節は非常によく理解できる。

　それにしても翻訳のタイトルである。『21世紀の資本』ではピケティがこの本で何をしようとしたのかが本当には伝わらないような気がする。私の理解では、ピケティは、自分の本が、かつて階級社会を批判したマルクスの『資本論』の21世紀版であるという意味で書名を付けていることは明らかである。でも、出版社はそれでは売れないと思ったのであろうか。

　さて、ピケティの主題は極めて明瞭に表現されている。すなわち、r＞gである。ここでrは資本収益率、gは経済成長率であって、不等式が成り立つ以上格差はどんどん拡大していく。なぜなら、一般国民の所得は経済成長率でしか増加しないが、資本所有者の富は資本収益率に等しいスピードで増加するからである。

　ピケティは国民所得のうち、資本所有者の所得が占める割合をαとしたとき、それが資本収益率rと資本所得比率βの積になるという恒等関係を資本主義の第1基本法則と呼んでいる。資本主義の第2基本法則と呼ばれるのは、長期的には、資本所得比率βが貯蓄率sを経済成長率gで除したものになるという関係だ。資本所得比率の分母である経済成長率gに比べて貯蓄率sが大きめであれば、資本がスピーディーに大きくなるからである。逆

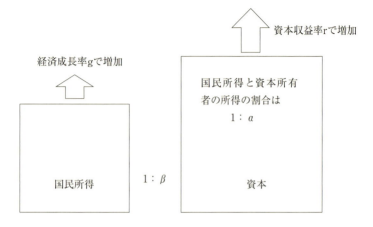

の場合は逆になる。

　第1基本法則は上図を使って次のように理解することができる。左の四角は一国の国民の所得の合計、つまり、国民所得を表わしているとする。国民所得のなかには、ほとんど資本を所有していない勤労者国民の所得も、資本所有者の所得も含まれている。これを1としたとき、資本所有者が保持する資本の金額がβという割合の大きさになる。それが資本所得比率という言葉の意味である。資本というのは財産の合計額のことで、資本所有者はこれ自体を取り崩して使うことはない。それでも、資本を持っているだけで毎年資本額×rという大きさの所得を手にすることが可能である。これが資本収益率の意味である。国民所得を1として資本額がズバリβだとしてしまえば、資本所有者の所得はrβになる。これは国民所得を1として計算したものだから、国民所得に対する資本所有者の所得割合αに等しい。つまり、第1基本法則α＝rβが成り立つのである。

序章　そもそもマルクス経済学とは何であったのか

　第 2 基本法則は下図によって説明できる。資本は資本所有者の財産であると同時に、機械や設備、建物という実物でもあるから、それらを使って勤労者が労働して国民所得を生み出すものである。資本所得比率が β であるということは、ある大きさの国民所得を生み出すためにどうしてもその β 倍の資本を必要とするということである。短い時間の間であれば、資本額の $1/\beta$ を超える国民所得を生み出せるかもしれないが、長期的にそれを続けるのは無理である。逆に、何らかの理由で資本額の $1/\beta$ を下回る国民所得しか生み出せない時期もあるかもしれないが、人々の努力によってやがては資本額の $1/\beta$ まで国民所得は回復するであろう。したがって、長期的に国民所得と資本額は $1:\beta$ の比率を保っているのでなければならない。

　ところで、資本はどうやって蓄積されていくのであろうか。人々が国民所得のすべてを使ってしまえば、資本は決して増えていかない。人々が国民所得の一部を貯蓄することによってだけ資

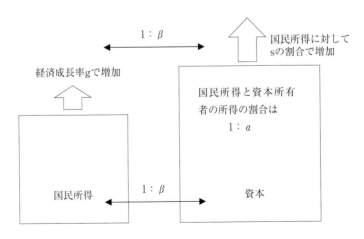

本額が増えていくのである。貯蓄率がsであれば、国民所得を1として毎年sだけの資本が蓄積されていくことになる。

　国民所得は経済成長率gというスピードで毎年増えていく。資本額は国民所得に対して先ほどの $1:\beta$ という関係を保たなければならない。つまり、資本額の方は国民所得のβ倍のスピードで増えていかなければ、適切な比率を保てないということである。実際には資本額は国民所得$\times$sの額ずつ増えていくので、単純に国民所得を1としてsの額だけ毎年増えていく。つまり、$\beta g = s$ が成り立つ。両辺をgで割れば、$\beta = s/g$ となるが、これはピケティの第2基本法則である。

　第1基本法則の式に第2基本法則の式を代入すると、$\alpha = rs/g$ という関係を得る。貯蓄率sを一定とすれば、所得格差αが、経済成長率gに比べて資本収益率rが大きいほど大きく、逆の場合には比較的小さくなることが了解できる。つまり、平等化が進んでいた20世紀後半は経済成長率が比較的高かったことが効いているということである。しかし、21世紀の特徴は世界的な低成長である。それに引き換え、資本収益率は下がらないどころか高まる傾向を見せている。こうして、21世紀には世界的に所得格差が拡大しているのだ、というのがピケティの主張であった。

2. 『資本論』と経済学批判

　マルクスの『資本論』は、その第1部だけが著者本人の手によって出版された。1867年のことである。現在は第2部、第3部を読むことができるが、それらはマルクスの残した原稿を編纂

序章　そもそもマルクス経済学とは何であったのか

することで、盟友フリードリヒ・エンゲルスが出版したものである。日本では『資本論』として知られるこの本は、ドイツ語では単に『資本』となっている。こういうぶっきらぼうな書名となっているのには理由がある。

マルクスは経済学批判の本を執筆する計画を持っていたが、1857年から1863年にかけていくつかの執筆プランを書き残していた。これは基本が6部構成でできている。つまり、Ⅰ資本、Ⅱ土地所有、Ⅲ賃労働、Ⅳ国家、Ⅴ外国貿易、Ⅵ世界市場というものである。つまり、基本的には最初の資本の部分が独立して一書になっているということである。ちなみにプランでは、資本は［1］資本一般、［2］競争、［3］信用、［4］株式資本に分かれている。さらに資本一般が（1）商品、（2）貨幣、（3）資本となっていて、再び資本という項目が現われ、この（3）がa資本の生産過程、b資本の流通過程、c両者の統一に分かれるとされている。だが、『経済学批判』の書名を想定して実際に執筆されたのは（1）商品と（2）貨幣だけで、1862年になると『経済学批判』は副題に退き、『資本』が新しいタイトルとされたのであった。

マルクスは『資本』第1部出版から5年後に没するが、経済学批判の書名に何を託したのであろうか。確かにマルクスは、現在古典派経済学と呼ばれている当時の経済学に批判的であったから、文字どおりそれらを批判するという意味にとられてきた。だから、マルクスは古典派経済学を批判して新しい経済学を作ったのだという理解になり、それがマルクス経済学と呼ばれてきたわけである。しかし、マルクスの母国ドイツの先輩である哲学者エマヌエル・カントはいわゆる3批判書というのを残している。

カントの3批判書は『純粋理性批判』、『実践理性批判』、『判断

力批判』からなっている。それぞれが人間にとって科学的認識、道徳、芸術がどのようなものであり、どのようにして可能になるのかという吟味に一つずつあてられている。だから、それぞれが物理学、倫理学、美学に対応するのだが、カントの真の狙いはそれぞれの学問分野をその基盤にまで遡ってきちんと考えましょうというところにある。だから、カントの書名を私たちが普通に使う意味での批判と考えるとおかしなことになる。むしろ、それはいわゆる批判ではなく吟味と言った方がよい。

　ということは、マルクスの経済学批判も経済学をやっつけてしまうというのではなく、経済学を根本に遡って考え直しましょう、今の経済学に何かいい加減なところがあれば、そこは正していきましょう、ということなのである。ということは、固有の意味でマルクス経済学というのは本来ないのであって、私たちは経済学をきちんと学んだ上でいい加減な判断をせず、正しく使って経済をよくしていかなければならないですよ、とマルクスは言っていることになるのではないだろうか。

3.　搾取をどう考えるか

　マルクスの議論の中心になるのが搾取であることは否定できない。マルクスよりだいぶ前にジョン・ロックというイギリスの思想家がいた。彼は物が誰かのものであるという権利、つまり、所有権を次のように正当化する。いちばん根本的な自分の所有物は自分の肉体であろう。身体は絶対に自分のものである。人はこの身体を使って自然に働きかけ、何か物を生み出したり作ったりする。となれば、その自分の労働による生産物、創造物も自分の所

有物になるのは当然ではないだろうか。もちろん、自分では手に入れられない物もある。その場合は自分の所有物を他人の所有物と交換することで手に入れる。ただし、その場合には交換は等しい価値を持つ物同士の交換、つまり、等価交換でなければならないだろう。

ところで、労働者が資本家との等価交換で自己の所有物から引き渡しているものは何であろうか。それは彼らの労働力である。労働者は自分が所有する労働力を資本家に引き渡して対価としての賃金を受け取る。マルクスは言う。そもそも物の価値はその物が持つ効能に基づくというのは明らかである。労働力の効能は物を生産することであるから、労働力の価値はそれが生み出した生産物のすべてと正確に等しいのではないか。だが、資本家は労働者が生み出した生産物すべてを労働者に渡してはいない。もしそんなことをすれば、資本家の手元には何も残らないからである。

であれば、資本家は労働者に労働力の価値どおりの物を渡していないことになる。労働者から資本家が利潤相当分を搾り取っているのであり、その不正が等価交換の外観によって隠蔽されている。これがマルクスの搾取論である。

「資本家のマルクス」と異名をとったオイゲン・フォン・ベーム－バヴェルクは、このマルクスの議論に対して利潤が利子に相当するものであることを以って反論を加えた。利子というのは時間の経過が生み出すものである。今金品を手放して将来それを取り戻すことから利子が生まれる。労働者は現在の生活費を資本家から前借りして物を生産し、資本家は前貸しした分を生産物のかたちで取り戻す。ならば、資本家が利子に相当する利潤を手にするのは当然のことであって、非難されるのは理不尽であるという

のだ。

カール・クリスティアン・フォン・ヴァイツェッカーという人はマルクスとベーム－バヴェルクの間を取り持つような議論をしている。彼は資本家の社会的役割を、貯蓄をして資本を増加させ、経済成長を助けることにあると見る。だから、利潤のすべてを貯蓄すれば、それは最大限の経済成長をもたらし、社会的には最も望ましい。そのとき、利潤率と経済成長率は一致する。だが、資本家は実際、贅沢な暮らしをして利潤を浪費している。これは資本家がその社会的役割を果たしていないことだから、搾取と呼ぶに値しよう。つまり、利潤率は最大成長率であり、利潤率と現実の経済成長率の差額の分だけ搾取があるということである。

この議論であるが、どこかで聞いたことはないだろうか。そう、ピケティの r＞g である。資本収益率 r とはマルクスの言葉では利潤率のことに他ならない。つまり、ピケティは 21 世紀の所得格差拡大の原因はヴァイツェッカーの意味での搾取が強化されていることに原因があると言っているのに等しい。

おわりに

マルクスは『資本論』第 1 部出版に先立ち、1864 年の国際労働者協会（第 1 インターナショナル）の結成に参加している。マルクスはこの第 1 インターナショナルの中心人物であり、創立宣言はマルクスの起草である。ここには労働者を中心とした社会改革を訴えていたヨーロッパ中の過激派が集まっていたから、内部での論争も収拾がつかないほど激烈なものだった。国家権力自体

を否定する無政府主義のアナーキストたちも多かったし、国家権力の下での社会主義を主張し、後にマルクスと袂を分かったフェルディナント・ラッサールもいた。結果的に国家を巡る方針ではマルクスは両極端の中間にいたように思われる。

　マルクスは資本主義を倒した後は、当面労働者政権が全権を握って社会を牛耳るプロレタリア独裁が必要であると考えていた。しかし、資本主義から社会主義へ移行した後の経済発展によって人々が平等に、豊かに暮らす社会基盤が整っていくと考える。そして、そこでは国家は必要なくなって死滅するというのである。ピケティ風に言えば、階級格差が激化していく19世紀末に向かって何かしら革命が現実的に感じられた時代のなかで、マルクスもかなりリアルに改革戦略を考えていたわけである。

　もちろん、ピケティは革命など考えておらず、税制による格差是正を訴えるのみだが、経済学を学ぶものにこうした格差を絶えず訴えかける思想家として、マルクスは生き続けていく意味があるのだろう。

第1部
マルクス経済学のミクロ理論

最初にマルクス経済学のミクロ理論を扱う。ミクロ理論という言葉は、個々の企業や消費者といった、経済全体を構成している部分に注意を絞って分析していくことを意味している。これらの経済主体は経済全体を比較すると小さいことからミクロという呼び方がされる。マルクス経済学の場合、とりわけ、労働や価格をどう考えるかが議論の中心となるだろう。

第1章

搾取と利潤

本章では、マルクス経済学の肝とも言うべき搾取という考え方を扱おう。搾取がなければ企業の利潤が生まれないというのは、マルクスが最も主張したかったことである。なお、皆さんには、この搾取についての証明を理解していただく過程で、経済学の理解に必要な線形代数という数学についても学んでいただくことになる。

1−1. 小麦だけの経済

何事も取り掛かりは単純であるに越したことはないので、小麦 a 単位と労働 L で小麦 1 単位を生産する経済を考える。1 人の労働者の労働は 1 年に 1 という分量だということにしよう。実際の労働時間というものは現在の日本などでは何千時間というものになるであろう。しかし、同じ現代でも他の国のなかにはもっと長く働いている国もある。日本であっても昔はもっと長く働いていたものである。こうした国と国の比較、同じ国の時代と時代の比較をする際、全体を 1 という数字で統一しておいた方が便利である。基本的にはそのために、1 人の労働者の 1 年の労働を 1 とするのである。他の労働時間はしたがって、これを使って表現され

第1部　マルクス経済学のミクロ理論

る。

　労働者1人が1年に食べる小麦の量、つまり、**労働者消費量**をbとして、それをちょうど**純生産物**として生産する小麦の**社会的必要生産量**をxとする。社会的の語は、社会全体の平均であることを意味している。また、必要であるというのは、もしこれより少ない生産量しかなければ、十分な小麦を労働者が食べられなくなってしまうということだ。生産量が足りないのに食料をbだけ確保してしまうと、翌年の種籾が足りなくなるので、翌年の生産量は、したがって、もっと少なくなり、これの繰り返しによって早晩小麦が生産できなくなるときが訪れる。もちろん、xを超えて生産することは可能である。現実の経済ではそうであって、余分な小麦が経済成長を可能にするのだが、そのことはまたしばらく後で述べたい。

　今年畑に撒かれた種籾、つまり、**中間生産物**の割合aは**投入係数**と呼ばれる。中間生産物とは最終的な生産物であるxを得るために使用される生産物量である。この量は最終的な生産物の量と一定の関係にあると考えられるから、割合aを考えている生産物量に掛けることで中間生産物量を計算することができる。

　社会的必要生産量は中間生産物量と労働者消費量の合計になる。社会的必要生産量xを生産し、そのうち、労働者消費量bを当年の内に消費してしまう。後にはaxが残るが、これを翌年の生産に使えば、再びxを得ることができるからである。こうして経済は続いていく。

$$x = ax + b$$

この方程式を解くことによって、社会的必要生産量を具体的に求めることができる。

$$x = \frac{b}{1-a}$$

なお、社会的必要生産量は次のようにも表現できる。

$$x = b + ba + ba^2 + ba^3 + \cdots$$

つまり、労働者の消費分とその原材料、そのまた原材料……の合計である。このことは、次のようにして知ることができる。まず、両辺に a を掛ける。

$$ax = ba + ba^2 + ba^3 + \cdots\cdots$$

この式を上式から引けば、

$$x - ax = b$$

となるが、これは元の方程式に等しい。

また、この量の小麦を 1 単位生産するのに直接・間接に必要な労働を合計 λ 時間とすると、

$$\lambda = a\lambda + L$$

という関係が成り立つ。右辺第 1 項が小麦 1 単位を生産するため

第1部　マルクス経済学のミクロ理論

の原材料としての小麦に含まれる労働であり、第2項が小麦を育成するための直接的な労働である。この方程式を解くことによって**体化労働時間**λを具体的に求めることができる。小麦1単位に含まれる直接・間接の労働が、小麦という品物のかたちで現われたということから体化という言い方をしている。

$$\lambda = \frac{L}{1-a}$$

このλは次のようにも表現できる。

$$\lambda = L + La + La^2 + La^3 + \cdots\cdots$$

つまり、直接の労働時間とその原材料に体化された労働時間、そのまた原材料に体化された労働時間……の合計である。このことは次のようにして確認できる。まず、両辺にaを掛ける。

$$a\lambda = La + La^2 + La^3 + \cdots\cdots$$

この式を上の式から引けば、

$$\lambda - a\lambda = L$$

だが、これは先の方程式と同じである。

さて、労働者がちょうど1年で食べる小麦の体化労働時間を**社会的必要労働**と呼び、それは社会的必要生産量のために労働者が

第1章　搾取と利潤

働かなければならない労働時間に等しい。

$$\lambda b = \frac{bL}{1-a} = Lx$$

自分の生活のためには社会的必要労働分だけ働けばよい労働者で

$$Lx = \lambda b < 1$$

が成り立っているとき、労働者は社会的必要労働以外の労働時間を**搾取**されていると言う。もちろん、この言葉は搾り取るということだが、労働者から労働の成果を企業が搾り取っているといったような非難の意味を特に込めているわけではない。企業が労働者の労働のなかから自らの利潤となる部分を引き出してくるということを言っているだけだということを注意したい。社会的必要労働以上に働いた分を**剰余労働**と呼ぶ。

搾取率は

第1部　マルクス経済学のミクロ理論

$$e = \frac{1 - \lambda b}{\lambda b}$$

として計算される。分母は社会的必要労働、分子は剰余労働なので、搾取率は社会的必要労働を基準としてどれだけの割合の剰余労働をしているかという数値である。

1−2. マルクスの基本定理

小麦1単位の**価格**が p だとすると、1年間で労働者がもらう**賃金** w は

$$pb = w$$

と表わせる。労働者はもらった賃金で、自ら働いて生産した小麦のなかから、ちょうど1年間の生活に必要な小麦を買い戻すことになるからである。

企業を経営する**資本家**は小麦の生産に必要な小麦と賃金を払わなければならないので、資本家の**利潤**は小麦1単位当たり

$$p - (pa + wL)$$

に等しい。小麦の価格は小麦1単位を販売したときの売り上げであり、括弧のなかの最初の項はいわゆる原材料費、最後の項はいわゆる人件費である。

利潤率 π は、生産にかかる経費に対する利潤の割合と定義し

た場合、

$$\pi = \frac{p-(pa+wL)}{pa+wL}$$

と表わされる。これを変形すると

$$p = (1+\pi)(pa+wL)$$

となる。

小麦の価格

原材料費	人件費	利潤

賃金 w を pb で置き換えると、

$$p = (1+\pi)(pa+pbL)$$
$$p = (1+\pi)p(a+bL)$$

であり、

$$\frac{1}{1+\pi} = a+bL$$

という関係が導かれる。この式の右辺を**拡張投入係数**という。名称の理由は単純で、投入係数 a に労働を小麦に置き換えた量である bL を加えて拡張したものだからである。それらは小麦 1 単位を生産するときに資本家が手放すことが必要な小麦の量だから、資本家の利潤がプラスであるためには

$$a + bL < 1$$

でなければならない。不等式の向きが逆だと資本家は 1 単位の小麦を得るために 1 単位以上の小麦を手放すことになり不合理である。

　他方、搾取があるという条件は

$$\lambda b < 1$$

だった。それは、つまり、

$$\frac{bL}{1-a} < 1$$

または、

$$a + bL < 1$$

で、先ほどの、利潤がプラスになる条件に等しい。だから、搾取率がプラスのときに限り利潤率がプラスになると言える。これを

マルクスの基本定理と呼ぶ。

　ここまでは、価格ということを中心に話してきたから、今度は数量、つまり、小麦の分量という側面から経済を見てみよう。実際の小麦の生産量を y とすると、Ly 人の労働者が雇用されることになる。社会的必要生産量の総量よりも、ちょうど利潤の分だけ小麦は多く生産されている。この差を**余剰生産物**と呼ぶ。もし、すべての剰余生産物がすべて均等に原材料、労働者消費財に割り当てられれば、その分だけ翌年の生産は増えるので、余剰生産物の割合 g は経済が成長できるマックスの大きさ、つまり、**最大成長率**を表わしていることになる。

$$y = (1+g)(ay + bLy)$$
$$y = (1+g)(a + bL)y$$

ここからも、

$$\frac{1}{1+g} = a + bL$$

という関係が導かれる。前に出てきた同様の関係と見比べると $\pi = g$ であることがわかる。

小麦の総生産量

原材料	労働者消費分	余剰生産物

第1部　マルクス経済学のミクロ理論

　文字ばかりだとどうも抽象的でいかん、という人のために、具体的な数値例を考えてみよう。投入係数、労働者消費量、労働投入が次のようになっているとする。

$$a = 0.5$$
$$b = 6$$
$$L = 0.05$$

　社会的必要生産量は

$$x = \frac{b}{1-a} = \frac{6}{1-0.5} = \frac{6}{0.5} = 12$$

となることがわかるだろう。

　価格が1であれば、賃金は6、小麦1単位当たりの利潤は

$$1 - (1 \times 0.5 + 6 \times 0.05) = 1 - 0.8 = 0.2$$

となり、利潤率は

$$\pi = \frac{0.2}{0.8} = 0.25$$

と計算できる。

　数量が100であれば、雇用数は

$$Ly = 0.05 \times 100 = 5$$

となり、社会的必要生産量の総量は

$$12 \times 5 = 60$$

となる。

拡張投入係数は

$$a + bL = 0.5 + 6 \times 0.05 = 0.5 + 0.3 = 0.8$$

である。

余剰生産物は

$$100 - 0.8 \times 100 = 100 - 80 = 20$$

となる。

体化労働時間は

$$\lambda = \frac{L}{1-a} = 0.05 \div 0.5 = 0.1$$

であるから、社会的必要労働は

$$\lambda b = 0.1 \times 6 = 0.05 \times 12 = 0.6$$

第1部　マルクス経済学のミクロ理論

と計算できる。

　これを用いると、搾取率は

$$e = \frac{1-0.6}{0.6} = \frac{0.4}{0.6} = 0.67$$

のように計算されるのである。

1−3. たくさんの品物のある経済

　現実の経済では無数と思えるような品物、すなわち、財が生産されている。だから、次は、一般的に n 種類の財を生産している経済を考えよう。財には 1 番から n 番まで決まった番号が付いているとしよう。

　それぞれの財 1 単位を生産するのに必要な財の投入量を縦に並べた**投入係数行列**を、次のように表わす。

$$A = \langle a_{ij} \rangle = \begin{pmatrix} a_{11} & \cdots & a_{1n} \\ \vdots & \ddots & \vdots \\ a_{n1} & \cdots & a_{nn} \end{pmatrix}$$

　行列という呼び方は、数字の横の並びを行、縦の並びを列と呼ぶところから来ている。大学ノートに字を横書きに書くとき、1 行目、2 行目と言うではないか。また、学校の朝礼でクラスごとに縦に並んだとき、1 列目、2 列目と言うではないか。日本語では横の並びを行、縦の並びを列と呼ぶ習わしなのである。結果、

数字が横と縦に並んでいるものを行列と呼ぶようになったわけだ。

　投入係数行列の j 列目は、したがって、j 番の財を 1 単位作るために他のすべての財をそれぞれどれほど原材料として投入すべきかを、ずらーっと数字で表わしているのである。そのなかには 0 となる場所も多いであろう。たとえば、ホウレンソウが自動車の原材料にならないように。しかし、これですべての財相互の投入関係を一覧表のように示すことができるのである。

　また、それぞれの財の生産に直接必要な労働を横に並べた**労働投入ベクトル**を、次のように表わす。

$$L = \langle L_j \rangle = (L_1, \cdots, L_n)$$

　数字を横と縦に並べたものを行列と呼ぶのに対して、数字を横一列、または、縦一列に並べたものをベクトルと呼んでいる。労働投入ベクトルのように横一列の場合、そのまま横ベクトル、あるいは、行ベクトルと呼ぶ。この後出てくる、数字を縦一列に並べたものは、当然、縦ベクトル、あるいは、列ベクトルである。

　労働者が生活に必要とする財の量を縦に並べた**労働者消費量ベクトル**と、それを純生産物として生産するための各財の総生産量を縦に並べた**社会的必要生産量ベクトル**を、それぞれ次のように表わす。

$$b = \langle b_i \rangle = \begin{pmatrix} b_1 \\ \vdots \\ b_n \end{pmatrix}$$

第1部　マルクス経済学のミクロ理論

$$x = \langle x_i \rangle = \begin{pmatrix} x_1 \\ \vdots \\ x_n \end{pmatrix}$$

　これまでの行列やベクトルのなかの数字を一般的に表示するのに、iとjというアルファベットを使ってきたことを確認してほしい。いずれのアルファベットにも1からnまでの数字が入るが、iは行番号、jは列番号である。行列の場合、たとえば、a_{23}とあれば、それが2行目の3列目の数字であるということになる。横ベクトルの場合、行は一つだけであるから、L_5であれば、横一列に数字が並んでいるなかで左から5番目の数字ということである。同様に縦ベクトルの場合、今度は列が一つだけなので、b_3とあれば、縦一列に数字が並んでいるなかで上から3番目の数字ということである。

　さて、これらの行列、ベクトルの間に成り立つ関係は

$$x = Ax + b$$

である。ここでは、実際にはたくさんの数字が並んでいる行列やベクトルをそれぞれ一つのアルファベットで表わすことで、相互の関係性を一つの方程式として表わしているのである。社会的必要生産量ベクトル x の一つ一つの数字は、i番の財を労働者1人当たりで毎年どれだけ生産する必要があるかを表わしている。それは労働者消費量ベクトル b の上からi番目の数字で表わされる数字と、いろいろな財の生産に用いられる原材料としてのi番の財の量とを合計したものである。後者の原材料としての量が Ax

28

第1章　搾取と利潤

で算出できるということである。

　ここで行列とベクトルの計算法ということを言っておかなければならない。普通の単体の数字の計算には加減乗除の四則演算があるが、行列とベクトルの演算には加減乗の三つしかない。とはいっても、割り算にあたる計算も必要になるので、何とかしないといけない。この話はすぐ後でしよう。

　行列とベクトルの演算のうち、足し算と引き算は極めて常識的である。たとえば、縦ベクトルと縦ベクトルの足し算であれば、上から1番目の数字と1番目の数字、2番目の数字と2番目の数字という具合にそれぞれ対応する数値を足していけばいいのである。横ベクトルどうしの場合も左から数えて対応する位置にある数値をそれぞれ足していく。行列と行列の足し算、引き算も同じである。行番号と列番号が同じ数値どうしを足したり引いたりすればよい。横ベクトルと縦ベクトル、行列とベクトルのように数字の並びが全く異なるものどうしは足し算、引き算はできない。

　新たに覚えてもらうことが必要なのは掛け算である。具体的に Ax という掛け算でやり方を確認しておこう。規則としては、左に来たものの数字の横の並びと、右に来たものの数字の縦の並びを掛け合わせるということである。この規則に例外はない。投入係数行列 A の数字の横の並び、i 行目は i 番の財がすべての財 1 単位の生産に原材料としてそれぞれどれだけ使用されるかを表わしている。これを、そもそも一つしかない縦の並び、社会的必要生産量ベクトル x と掛け合わせるわけである。その意味であるが、A のある行の左から 1 番目と x の上から 1 番目を掛け、左から 2 番目と上から 2 番目を掛け……という具合にして、その結果を合計しておく。これを財の数 n だけ繰り返すのだが、そう

29

第1部　マルクス経済学のミクロ理論

して求められた n 個の数字を縦に並べれば終わりである。こう
して Ax は、原材料として必要なそれぞれの財の量を縦に並べた
縦ベクトルとして求められる。

　この行列とベクトルの掛け算の規則から、左に来ているものの
横に並んだ数字の個数と、右に来ているものの縦に並んだ数字の
個数が等しければ、掛け算が可能であることがわかる。そうでな
ければ、そもそも掛け算ができない。また、一般に、掛け算の左
右を入れ替えた場合に、掛け算ができなくなることもままある。
そして、たとえ入れ替え後の掛け算ができたとしても、その結果
は入れ替え前と異なるのが普通である。つまり、行列とベクトル
の掛け算では、普通の数字の掛け算で成り立つような交換法則は
成り立たない。

　こうして、たくさんの財がある経済でも、見た目は小麦だけの
経済とそっくりな方程式が成り立つことがわかった。ならば、こ
の方程式を解いていこう。まず、Ax を左辺に移行すれば

$$x - Ax = b$$

となる。次は左辺の x を括弧の外に括り出すのだが、交換法則
が成り立たないという性質から必ず右に括り出す必要がある。普
通の数字の計算であれば、x から x を括り出すと括弧内に 1 が残
るが、ここは行列、ベクトルの世界である。括り出した後の括弧
内には何が残るのだろう。

　唐突だが、ここで、対角成分と呼ばれる左上から右下に並ぶ数
字だけが 1 で他の成分が 0 の単位行列 I を導入しよう。

第1章　搾取と利潤

$$I = \begin{pmatrix} 1 & \cdots & 0 \\ \vdots & \ddots & \vdots \\ 0 & \cdots & 1 \end{pmatrix}$$

　この行列は数字が n 個並んでいさえすれば、横ベクトルにも縦ベクトルにも掛けることができる。たとえば、Ix とやってみる。単位行列の1行目は最初が1であとが0だから、x の1番上の数字が残る。2番目も3番目も一緒なので、掛け算の結果は x である。つまり、単位行列は普通の数字の掛け算における1と同じく、掛けても元の数値を変えないという役割を果たす。しかも、この特殊な行列だけは掛け算の交換法則が成り立ち、xI でも結果が変わらない。線形代数という数学分野は比較的新しいせいか、洒落の効いた記号法が多いが、単位行列の表現にも数字の1に最もよく似たアルファベット I が使われている。

　この I を使えば、x を括弧の外に括り出した後は次のようになる。

$$(I - A)x = b$$

　普通の数字の方程式ならば、ここで x の前の数字で両辺を割ってお終いとなる。しかし、I−A は単位行列から投入係数行列を引いた一つの行列である。既に結論だけ述べておいたように、行列とベクトルの演算に割り算はないのであった。それならどうやって I−A をなくせばよいのか。

　小麦だけの経済で社会的必要生産量を求めたときの方程式をここで考えよう。

31

第1部　マルクス経済学のミクロ理論

$$(1-a)x = b$$

　ここで $1-a$ を消そうと思えば、私たちは通常両辺を $1-a$ で割ればよろしいと言う。しかし、少々理屈っぽく $1-a$ の逆数 $1 / (1-a) = (1-a)^{-1}$ を両辺に掛けると言ってもよい。つまり、このような具合。

$$x = (1-a)^{-1}b$$

　行列の場合、もちろん逆数は存在しないが、全く逆数に対応する性質を持った逆行列というのがある。逆行列は、ある行列を掛けた後でそれを掛けると元に戻るような行列である。表現方法としては、たとえば、$I-A$ が元の行列であれば、$(I-A)^{-1}$ で逆行列を表わすことになる。ここで -1 という記号を使っているのは、線形代数特有の洒落の効いた表現であり、逆行列って逆数みたいなもんだよね、という気持ちを表わしている。ただ、逆数ではないのでマイナス 1 乗と呼んではいけない。逆行列を表わすインバースと発音するのである。

　逆行列を元の行列と掛け合わせた場合、それぞれを単独で掛けた効果が相殺されることになるから、何もしないのと同じことである。だから、掛けた結果は単位行列 I になる。

$$(I-A)(I-A)^{-1} = (I-A)^{-1}(I-A) = I$$

　さて、この辺で行列とベクトルから成る方程式に戻ろう。式の両辺の左から $(I-A)^{-1}$ を掛けると

第1章 搾取と利潤

$$x = (I - A)^{-1} b$$

となる。左辺では $I-A$ が $(I-A)^{-1}$ と相殺されて消えるからである。この単位行列から投入係数行列を引いた行列の逆行列 $(I-A)^{-1}$ は、経済学でとても重要な役割を果たす特別な逆行列なので、ノーベル賞経済学者の名前を取って**レオンチェフ逆行列**と呼ばれている。

　この方程式を解いた結果が意味しているのは、社会的必要生産量ベクトルが、人が生きていくために必要な労働者消費量ベクトルを元にしていて、それに左からレオンチェフ逆行列を掛けることで求められるということである。

　社会的必要生産量ベクトルも労働者消費量ベクトルもすべての数値がプラスかゼロの値であり、マイナスはない。だから、レオンチェフ逆行列に出てくる数値もゼロかプラスの数字でなければならないはずである。レオンチェフ逆行列の数字がマイナスでないためには、数学的に次の**ホーキンス ＝ サイモンの条件**と呼ばれる条件が成り立っていなければならない。ホーキンス ＝ サイモンの条件は次のようなものである。

$$|1-a_{11}| > 0, \begin{vmatrix} 1-a_{11} & -a_{12} \\ -a_{21} & 1-a_{22} \end{vmatrix} > 0, \cdots, \begin{vmatrix} 1-a_{11} & \cdots & -a_{1n} \\ \vdots & \ddots & \vdots \\ -a_{n1} & \cdots & 1-a_{nn} \end{vmatrix} > 0$$

　普通の数字を縦棒で挟むとそれは絶対値ということであり、プラスやマイナスの符号を度外視して数字の大きさだけを問題にすることになる。要するにマイナスの符号は取ってしまいなさいと

第1部　マルクス経済学のミクロ理論

いう操作である。しかし、ここで、縦棒で挟まれているものは、
投入係数行列のなかの数字にマイナスを付けたり、1から引いた
りしたりしたものを縦横に並べたものである。もっと詳しく言え
ば、いちばん左の不等式に出てくるのは行列 I−A の左上の数値
であり、2番目の不等式には左上4個の数字、3番目には左上9
個の数字というふうにだんだん拡大していく。

　それでここでの縦棒の意味であるが、行列式という値を意味し
ている。これは式という名前だが、計算によって一つの値として
求められる。数値例で計算する際に必要な公式みたいなものは後
で説明するが、行列式の計算方法を一般的に説明するのは結構面
倒くさい。行列式を求めようとしている行列の一つの行から一
つ、一つの列から一つ、絶対行と列がダブらないように数値を取
り出して掛け合わせる。この掛け算は $n \times (n-1) \times (n-2) \times \cdots\cdots$
$\times 3 \times 2 \times 1$ 回行われることになるが、これら掛け算の結果を足し
合わせていくときの符号がまた面倒である。

　たとえば、左から2番目の不等式の行列式を見てみよう。ここ
での掛け算の回数は 2×1 の2回で $(1-a_{11}) \times (1-a_{22})$ と $(-a_{12}) \times$
$(-a_{21})$ である。最初の掛け算で行番号と列番号を見てほしい。
行番号と列番号は 1, 1、2, 2 となっている。前の数字の並びを後
の数字の並びに変えるときに、全く並べ替えの必要がない。この
場合、符号はプラスになる。これに対して、後ろの掛け算では行
番号と列番号が 1, 2、2, 1 となっている。前の数字の並びを後の
数字の並びに変えるときに、1回並べ替えないといけない。この
場合、符号はマイナスになる。

　九つの数字を並べた行列の行列式では掛け算のなかに、
$(1-a_{11}) \times (-a_{23}) \times (-a_{32})$ というのが出てくるが、この符号は何

であろうか。先に行番号だけ書くと 1, 2, 3、列番号だけ書くと 1, 3, 2 であるが、必要な入れ替えは 1 回になる。この場合、符号はマイナスである。行番号と列番号を揃えるときに必要な入れ替えの回数が偶数回の場合、符号はプラスである。また、奇数階の場合、符号はマイナスである。入れ替えの回数が 0 回の場合も偶数と見做してプラスの符号を付ける。

　ホーキンス ＝ サイモンの条件は行列 I−A で計算されるすべての行列式の値がプラスになることを求めるが、通常経済で見られる投入係数行列 A ではこの条件が満たされていると考えてよいので、いちいち確かめる必要はない。

　さて、レオンチェフ逆行列は、

$$(I-A)^{-1}=I+A+A^2+A^3+\cdots$$

と表わすこともできる。この式の両辺に左から I−A を掛けると

$$(I-A)(I-A)^{-1}=(I-A)(I+A+A^2+A^3+\cdots)$$

となる。左辺は単位行列 I になるが、もし右辺を計算して I になるなら、元の等式も成り立っていたということになる。右辺は確かに

$$(I-A)(I+A+A^2+A^3+\cdots\cdots)=(I+A+A^2+A^3+\cdots\cdots)$$
$$-(A+A^2+A^3+\cdots\cdots)=I$$

であるから、元の等式は正しかった。

第 1 部　マルクス経済学のミクロ理論

　元の等式の両辺に右から労働者消費量ベクトルを掛けると

$$(I-A)^{-1}b = b + Ab + A^2b + A^3b + \cdots\cdots = x$$

となることから、レオンチェフ逆行列と労働者消費量ベクトルを
掛けることで、労働者消費量ベクトルとその原材料のベクトル、
そのまた原材料のベクトル……の合計を求めることができるとい
うことがわかる。そして、それこそが社会的必要生産量ベクトル
なのである。

　上式の左辺に左から労働投入ベクトルを掛けると、**社会的必要
労働**が求められる。

$$Lx = L(I-A)^{-1}b$$

　左辺の Lx だが、横ベクトルである労働投入ベクトルと縦ベク
トルである社会的必要生産量ベクトルをこの順番で掛けると、1
番の財を 1 単位作るための直接労働に 1 番の財の社会的必要生産
量を掛け、2 番の財を 1 単位作るための直接労働に 2 番の財の社
会的必要生産量を掛け、……とやって、これらを足し合わせるこ
とになるので、労働者が社会的必要生産量を得るための 1 年間に
必要な労働時間が計算されるのである。

　この式の右辺の、b より前の部分を Λ で表わすと、

$$Lx = \Lambda b$$

である。実は、Λ は各財 1 単位の生産に直接・間接に必要な労

36

働時間を横に並べた**体化労働時間ベクトル**なのだが、そのことは
次のようにしてわかる。

　まず、j番の財を生産するのに直接・間接に必要な労働時間
は、直接に必要な労働と原材料の生産のために間接的に必要な労
働の和として表わせる。

$$\Lambda_j = L_j + \Lambda A_j$$

ここで A_j は投入係数行列の j 列目であり、j 番の財を生産するた
めにすべての財がどれだけ必要かを縦に並べた縦ベクトルであ
る。これに左から、横ベクトルである体化労働時間ベクトルを掛
けたとすると、原材料の投入量を原材料に体化された労働時間で
表わしてすべて合計した総労働時間が出る。これに直接の労働を
足せば、j 番の財の体化労働時間が算出できることをこの式は表
わしている。

　これを 1 番の財から n 番の財まで横一列に並べると、左辺は
ベクトル Λ に、右辺第 1 項はベクトル L に、第 2 項は投入係数
行列が復元されて ΛA になる。

$$\Lambda = L + \Lambda A$$

　これは行列とベクトルからなる方程式である。これを x のと
きと同じように Λ について解いていくと

$$\Lambda - \Lambda A = L$$

37

第 1 部　マルクス経済学のミクロ理論

となる。左辺で Λ が A の左から掛かっていることに注意して、Λ を括弧の左に括り出すと

$$\Lambda(I-A)=L$$

となる。I−A を消すために両辺の右側からレオンチェフ逆行列を掛けて

$$\Lambda=L(I-A)^{-1}$$

となるが、これは先ほど b より前の部分を Λ としたことに等しい。

　これで社会的必要労働は Λb とも表わすことができて、労働者が 1 年間に消費する品物の体化労働時間の合計でもあることがわかった。労働者が 1 年に実際に働く時間を 1 としていたから

$$\Lambda b<1$$

が成り立つとき、労働者は搾取されていることになる。労働者が搾取されているとき、搾取率 e はプラスになる。

$$e=\frac{1-\Lambda b}{\Lambda b}$$

第1章　搾取と利潤

1−4. たくさんの品物のある経済でのマルクスの基本定理

　一般にn種類の財を生産している経済でj番の財を生産している資本家が、その財を1単位生産するときの費用は原材料費と人件費だから、財1単位当たりの利潤は

$$p_j - (pA_j + wL_j)$$

である。だから、j番の財を生産している資本家の利潤率は

$$\pi_j = \frac{p_j - (pA_j + wL_j)}{pA_j + wL_j}$$

となる。資本家同士が競争して利潤を奪い合っている経済では、利潤率は競争によってどの部門でも等しくなるので、利潤率はπという一つの値になる。利潤率が他より高い部門には他の資本家が移動してきて生産が増え、競争が激しくなって利潤率が下がるであろう。逆に、利潤率が他より低い部門からは資本家が退出していって生産が減り、競争がなくなるので利潤率が上がるであろう。それこそ利潤率が全部の部門で等しくなる理由である。

第1部　マルクス経済学のミクロ理論

各資本家について成り立つ

$$p_j = (1+\pi)(pA_j + wL_j)$$

という関係を横に並べると、

$$p = (1+\pi)(pA + wL)$$

となる。もちろん、p は**価格ベクトル**である。労働者には1年間の賃金として1年間の生活費と等しい額が与えられると考えられるので w＝pb のはずである。そうすると上式は

$$p = (1+\pi)p(A + bL)$$

としていい。最後の括弧のなかの行列は**拡張投入係数行列**と呼ばれる。投入係数行列 A に行列 bL が加えられて拡張されていることが名前の理由である。この式が示しているのは、毎年ちょうど π ずつの利潤が出てくるよう左辺の価格ベクトルが決まるということである。右辺にも価格ベクトルが現われるのは、物量だけで表わされた拡張投入係数行列に価格ベクトルを掛けてやらないと金額表示にならないためである。

品物の価格

原材料費	人件費	利潤

40

つまり、拡張投入係数行列に現われる行列 bL は労働者の賃金を物量で表わしたものに他ならない。労働者消費量ベクトル b は 1 人の労働者が 1 年間に消費する品物の量を縦に並べた縦ベクトルである。また、労働投入ベクトル L は各財の生産に直接に必要な労働の量であり、1 人の労働者の 1 年間の労働時間を 1 として表示されている。縦ベクトル b と横ベクトル L をこの順番で掛けると、一つ一つの数字を漏れなく掛け合わせた n^2 個の数字を縦横に並べた、投入係数行 A と同じ大きさの行列になる。たとえば、その 2 行 8 列目の数字が何を表わしているかと言えば、2 番の財の労働者消費量に 8 番の財の生産に必要な直接労働を掛け合わせたものである。たとえば、1 人の労働者の 1 年間の労働を 1 としてその直接労働が 0.02 ならば、その労働は 2 番の財に換算すれば労働者消費量の 50 分の 1 にあたるということなのである。こうして、bL に現われるそれぞれの数値は、ある財の生産に直接必要とされる労働を、労働を養うという意味ではある種の原材料と見做せる労働者の消費財の物量で表現した数値なのである。

　さて、この価格ベクトルの式は両辺を $1+\pi$ で割ることで

$$\frac{1}{1+\pi}p＝p(A＋bL)$$

となる。この式はよく見るととても不思議な式である。拡張投入係数行列 A＋bL は上で見たようにかなり複雑な行列となるだろうから、この行列を価格ベクトル p に右から掛けた場合、結果として求められる新しい横ベクトルも、元の p とは似ても似つ

第1部　マルクス経済学のミクロ理論

かないものになることが想像される。しかし、左辺を見るとその結果が、元の p の各数字をそれぞれ同じ割合で縮めただけの横ベクトルになっている。

このような関係はもちろん一般的に成り立つわけではない。この関係を成り立たせるのはある行列に対してとても特別な関係にあるベクトルだけなのである。ここでの価格ベクトル p は投入係数行列に左から掛かっていることから、左固有ベクトルと呼ばれるものである。このとき、1/(1+π) は固有値と呼ばれ、固有ベクトルに対応して一つに決まる。というより、話は逆である。財の数が n 個のとき、固有値は n 個求められるのだが、経済的に意味を持つのはそのうち最大のものだけである。最大固有値に対応する固有ベクトルが価格ベクトルなのだ。

左固有ベクトルがあれば右固有ベクトルもある。こちらは縦ベクトルであり、ここでは y で表わすことにしよう。右固有ベクトルの経済学的な意味は、品物の生産量を表わす**生産量ベクトル**である。生産量ベクトルに関する式は、価格ベクトルに対応して次のようになる。

$$y=(1+g)(A+bL)y$$

左固有ベクトルでも右固有ベクトルでも対応する最大固有値は一つである。ただし、この式では π ではなく g を使って表わした。g は**最大成長率**と呼ばれる。この式が意味しているのは、生産量が y で表わされるとき、ちょうど最大成長率に対応する**余剰生産物**を毎年生み出せるということである。

第1章　搾取と利潤

品物の総生産量

原材料	労働者消費分	余剰生産物

　もし、資本家が利潤をすべて自分たちのために消費してしまったとしよう。そうすると後に残されるのは $(A+bL)y$ である。しかし、これは前年度同じ生産に必要な原材料と労働者の消費量であるから、y だけの生産量を生み出すのに十分である。この場合、経済では毎年毎年同じ規模で生産が繰り返されていく。逆に、資本家が全く消費をせず、そっくりそのまま翌年の生産のための原材料と労働者の雇用に注ぎ込んだとすると、生産量は今年の $1+g$ 倍になるはずである。これはスピード g で経済が成長していくことを意味しており、これが g を最大成長率と呼ぶ理由となっている。実際には、資本家も消費をしないと死んでしまうし、金持ちだから贅沢な消費をするであろう。だから、現実の経済は最大成長率よりは低い、ある成長率で成長しているのである。

　さて、抽象的な話が続いたので、ここで、行列やベクトルの計算になれていない人のために、具体的な数値例を考えよう。芋とエタノールを生産している経済を考える。妙な譬えかもしれないが、互いに互いの原材料となるものとして二つを選んだ。芋を発酵させて蒸留することでエタノールが生み出される。だから、芋はエタノールの原材料である。逆に、芋畑を耕したりするトラクターはエタノールを原料にして動いているとする。そうすれば、

43

第1部　マルクス経済学のミクロ理論

ある意味、エタノールは芋の原材料ということになる。芋は種芋になるから、芋が芋の原材料になることは言うまでもない。最後に、エタノールを蒸留するボイラーではエタノールを燃やしていると考える。

　投入係数行列が

$$A = \begin{pmatrix} 0.2 & 0.3 \\ 0.4 & 0.6 \end{pmatrix}$$

であることは、芋1単位を生産するのに芋0.2単位とエタノール0.4単位を必要とし、エタノール1単位を生産するのに芋0.3単位とエタノール0.6単位必要とすることを意味している。

　労働者消費ベクトルは

$$b = \begin{pmatrix} 2 \\ 3 \end{pmatrix}$$

であるとしよう。つまり、1人の労働者は1年間に芋を2単位、エタノールを3単位消費する。

　労働投入ベクトルが

$$L = (0.05 \quad 0.02)$$

であるとする。つまり、1人の労働者が1年間に行う労働を1として、芋1単位の生産には0.05の、エタノール1単位の生産には0.02単位の労働を必要とするということである。

44

単位行列から投入係数行列を引けば、

$$I-A = \begin{pmatrix} 1 & 0 \\ 0 & 1 \end{pmatrix} - \begin{pmatrix} 0.2 & 0.3 \\ 0.4 & 0.6 \end{pmatrix} = \begin{pmatrix} 0.8 & -0.3 \\ -0.4 & 0.4 \end{pmatrix}$$

となる。

　逆行列を求める計算で必要な行列式は

$$0.8 \times 0.4 - (-0.3) \times (-0.4) = 0.32 - 0.12 = 0.2$$

と計算できる。これは難しいことを抜きにして公式のように覚えておけばよい。左上の数字と右下の数字を掛けたものから、右上の数字と左下の数字を掛けたものを引くと。この行列式の逆数を、決まったやり方で場所や符号を変更した行列に掛けることで、下記のようにしてレオンチェフ逆行列を求めることが可能である。

$$(I-A)^{-1} = \frac{1}{0.2} \begin{pmatrix} 0.4 & 0.3 \\ 0.4 & 0.8 \end{pmatrix} = \begin{pmatrix} 2 & 1.5 \\ 2 & 4 \end{pmatrix}$$

　これも公式のように覚えてほしい。行列式の逆数を掛けている行列は、元の行列 $I-A$ の左上と右下を入れ替え、右上の数字と左下の数字の符号をマイナスからプラスにしたものである。

　レオンチェフ逆行列の右から労働者消費量ベクトルを掛けることで、社会的必要生産量ベクトルを求めることができる。行列とベクトルの掛け算は必ず数字の横の並びと縦の並びを掛けるとい

第1部　マルクス経済学のミクロ理論

うことであった。レオンチェフ逆行列の横の並びは $2, 1.5$ と $2, 4$ の二つ、縦の並びは労働者消費量ベクトル一つだから、これらを掛ける、というか、1個1個掛けて足し合わせる。

$$x=(I-A)^{-1}b=\begin{pmatrix}2 & 1.5\\2 & 4\end{pmatrix}\begin{pmatrix}2\\3\end{pmatrix}=\begin{pmatrix}2\times2+1.5\times3\\2\times2+4\times3\end{pmatrix}=\begin{pmatrix}8.5\\16\end{pmatrix}$$

こうして、社会的必要生産量は芋が 8.5 単位、エタノールが 16 単位であることが求められた。

また、レオンチェフ逆行列の右から労働投入ベクトルを掛けることで、体化労働時間ベクトルを求めることができる。

$$\Lambda=L(I-A)^{-1}=(0.05 \quad 0.02)\begin{pmatrix}2 & 1.5\\2 & 4\end{pmatrix}=(0.14 \quad 0.155)$$

この場合も必ず横の並びと縦の並びの掛け算になる。横の並びは労働投入ベクトル一つ、縦の並びは $2, 2$ と $1.5, 4$ の二つである。だから、これらを掛ける、というか、掛けて足し合わせる。結果、体化労働時間は芋が 0.14、エタノールが 0.155 と求められた。

社会的必要労働の求め方は二つある。まず、体化労働時間ベクトルと労働者消費量ベクトルを掛け合わせて、労働者消費量の体化労働時間の合計として求める方法。

$$\Lambda b=(0.14 \quad 0.155)\begin{pmatrix}2\\3\end{pmatrix}=0.745$$

もう一つは、労働投入ベクトルと社会的必要生産量ベクトルを掛け合わせて、社会的必要生産量を生み出すのに必要な直接労働の時間として求める方法である。

$$Lx = (0.05 \quad 0.02)\begin{pmatrix} 8.5 \\ 16 \end{pmatrix} = 0.745$$

これを用いて搾取率を計算すると

$$e = \frac{1-0.745}{0.745} = \frac{0.255}{0.745} = 0.34$$

である。つまり、この経済で労働者は、社会的必要労働の 34%にあたる剰余労働を行い、それを資本家に搾取されている。

さて、拡張投入係数行列は

$$A+bL = \begin{pmatrix} 0.2 & 0.3 \\ 0.4 & 0.6 \end{pmatrix} + \begin{pmatrix} 2 \\ 3 \end{pmatrix}(0.05 \quad 0.02) = \begin{pmatrix} 0.2 & 0.3 \\ 0.4 & 0.6 \end{pmatrix} + \begin{pmatrix} 2\times0.05 & 2\times0.02 \\ 3\times0.05 & 3\times0.02 \end{pmatrix}$$

$$= \begin{pmatrix} 0.2 & 0.3 \\ 0.4 & 0.6 \end{pmatrix} + \begin{pmatrix} 0.1 & 0.04 \\ 0.15 & 0.06 \end{pmatrix} = \begin{pmatrix} 0.3 & 0.34 \\ 0.55 & 0.66 \end{pmatrix}$$

となる。この行列の最大固有値をある方法で求めると約 0.949 となる。ここから利潤率 ＝ 最大成長率を求めるには、

$$\frac{1}{1+\pi} = 0.949$$

第1部　マルクス経済学のミクロ理論

を解けばよい。つまり、5.4%であることがわかる。

　最大固有値に対応して左固有ベクトルを求めると、たとえば、価格ベクトルとして

$$p = (1 \quad 1.18)$$

を求めることができる。たとえば、と言っているのは、実際には二つの数値間の比率だけがわかるのであって、ここでは芋の価格を1としてエタノールの価格を表現したからである。

　価格ベクトルの式は全体として

$$(1 \quad 1.18) = 1.054 (1 \quad 1.18) \begin{pmatrix} 0.3 & 0.34 \\ 0.55 & 0.66 \end{pmatrix}$$

となる。読者諸氏は右辺を計算して左辺の値になることを自ら試してみてほしい。

　同様に右固有ベクトルを求めると、たとえば、生産量ベクトルとして

$$y = \begin{pmatrix} 10 \\ 19.1 \end{pmatrix}$$

を求めることができる。ここでも、実際には二つの数値間の比率だけがわかるのであって、ここでは芋の生産量が10単位であったとして、エタノールの生産量が19.1単位だということである。

　生産量ベクトルの式は全体として

$$\begin{pmatrix} 10 \\ 19.1 \end{pmatrix} = 1.054 \begin{pmatrix} 0.3 & 0.34 \\ 0.55 & 0.66 \end{pmatrix} \begin{pmatrix} 10 \\ 19.1 \end{pmatrix}$$

となる。ここでも読者諸氏は、右辺を計算して左辺に等しくなることを確かめてほしい。

　数値例はここまでにしよう。先に見た生産量ベクトルの式の両辺に、左から体化労働時間ベクトル Λ を掛けてみよう。

$$\Lambda y = \Lambda(1+\pi)(A+bL)y$$

この式をどんどん変形していく。

$$\Lambda y = (\Lambda+\pi\Lambda)(A+bL)y$$
$$\Lambda y = \Lambda(A+bL)y + \pi\Lambda(A+bL)y$$
$$\Lambda y = \Lambda Ay + \Lambda bLy + \pi\Lambda(A+bL)y$$

　ここで、その後の変形のために、右辺にあえて Ly を足して引くという部分を入れる。

$$\Lambda y = \Lambda Ay + Ly - Ly + \Lambda bLy + \pi\Lambda(A+bL)y$$
$$\Lambda y = (\Lambda A+L)y - (1-\Lambda b)Ly + \pi\Lambda(A+bL)y$$

　上式に右辺第 1 項の括弧のなかが Λ 自身に等しいという関係を代入すると

$$\Lambda y = \Lambda y - (1-\Lambda b)Ly + \pi\Lambda(A+bL)y$$

第1部　マルクス経済学のミクロ理論

とまとめられる。したがって、

$$(1-\Lambda b)Ly = \pi\Lambda(A+bL)y$$

であることがわかるが、$L, y, \Lambda, A+bL$ の要素はすべてプラスだから、利潤率 π がプラスになるのは搾取が行われて、$1>\Lambda b$ となっているときだけである。

　最後の式を見て、剰余労働の総量は利潤に相当する生産物の体化労働時間の総量に等しいということも確認しておいてほしい。

第**2**章

搾取と階級

　マルクス経済学の大きな特徴として、経済を構成する個人を階級と呼ばれる経済的階層に分けて考えるということがある。階級は基本的に経済のなかでその個人が果たす役割によって分類されるのだが、当然そこからは所得の違いが生じることになる。つまり、マルクス経済学は他の経済理論と異なり、現代社会で大きな問題であり続けている所得格差を問題にできるという大きなメリットを有しているのである。

　本章では、前章の最初に問題にした小麦だけの経済を考え、階級が何を原因としてどのように発生するのかということと、階級が前章で問題にした搾取とどのように対応しているかということを考えていこう。

2−1.　資産のある場合の小麦だけの経済

　前章の最初でそうしたように、小麦を原料に小麦を生産し、小麦を食べている経済を再び考える。1単位の小麦を生産するためにはa単位の小麦が要る。これも以前と同じだ。

　個人には**資産**として小麦ωが与えられるが、その与えられ方は人によってまちまちである。通常資産と言えばお金を思い浮か

第1部　マルクス経済学のミクロ理論

べるだろうが、ここでは小麦を生産するための小麦が資産である。

　この経済には**労働市場**が存在して人を雇ったり人に雇われたりすることができるので、生活の糧 b の得方としては、自分で働く、人を雇う、人に雇われる、の三つがある。

　個人は**余暇**を欲するので、自分の労働時間をできるだけ小さくしようとする。余暇というのは生活時間を除く自由時間のことである。ここで個人の労働時間は

$$Lx + z$$

と表わされるが、L は 1 単位の小麦を作るために必要な労働であり、x は自分自身の資産を使っての生産物、z は人に雇われて労働する時間である。ここで x と z はプラスの数字でもありうるし、ゼロでもありうる。

　1 年間の賃金を 1 として、製品である小麦の価格が p だとすると、次の関係が満たされないといけない。価格は常に何かを基準にして決めるのだが、ここでは 1 年間の賃金を基準として、唯一の品物である小麦の価格を表わしているということである。

$$(p-pa)x + [p-(pa+L)]y + z \geq pb$$

　左辺は年収であり、左から順に自分で小麦を生産して得る収入、人を雇って小麦を生産して得る収入、最後が人に雇われて得る賃金である。左辺第 1 項の x の前の括弧は小麦 1 単位当たりの売り上げから経費を引いたものになっている。第 2 項の y の

前の大括弧も同じである。第3項の z は人に雇われて働く労働時間であるが、1年間の賃金を1としているので z に1を掛けた z そのものが収入になる。

右辺は個人が1年間に食べる小麦の代金だから、左辺が右辺を上回ることが生きていくためには必要となる。後に見るように、これら三つすべてから収入がある人はいないが、逆に言えば、この条件ですべての個人に関する可能性を尽くしている。

左辺第2項目に現れる y は人を雇っての小麦の生産量であり、賃金も生産後に支払われることにしている。だから、利潤率も、

$$\pi = \frac{p - (pa + L)}{pa}$$

である。分母に人件費 L が入っていないところが、前章で定義した利潤率と違う。前章では賃金を前払いする想定にしていた。また、価格の内訳も

$$p = (1 + \pi)pa + L$$

と原材料費を利潤率で膨らましたものに賃金を加えたかたちになる。

さて、自分で働く、人を雇う、という二つのやり方で小麦を生産ことに必要な原材料は最初に付与された資産量を超えることはできないので、そのことを式で表わせば、

$$pax + pay \leq p\omega$$

のように表現できる。

2−2. 階級の形成

今、人を雇って生産し、生産した小麦の売り上げから賃金を払っても、その残りで生活ができるだけの資産を持っている人を考えよう。そういう人は自分の労働時間をゼロにすることができる。この人たちは**ブルジョア**と呼ばれる。ブルジョアはフランス語であるが、語源となったブルクはドイツ語で城郭都市を意味する。昔、城郭の内側には裕福な商人が住んでいたため、富裕な階級をこう呼ぶようになった。

この人たちは

$$[p-(pa+L)]y \geq pb$$

という条件を満たすような収入を得ることができる。利潤率の式から

$$p-(pa+L)=\pi pa$$

が得られ、これを上の式に代入すると、

$$\pi pay \geq pb$$

$$\pi p\omega \geq pb$$

$$\omega \geq \frac{b}{\pi}$$

となる。これがブルジョアになる人が持っていなければならない、資産に関する条件である。つまり、個人の最低必要な消費量を利潤率で割って求められる資産額を超えて資産を持っている人は、自分で一切労働をしないブルジョアになるはずである。その年収は他の階級の年収を超えているので、ブルジョアは贅沢な消費生活が可能である。

正反対に、最初に資産として与えられた小麦がゼロだった人は、自分の資産を使って生産活動ができないので、労働市場で自分の労働を売り、賃金を得て生活するしかない。彼らは**プロレタリア**と呼ばれる。この呼称は古代ローマ時代の戸籍の保有財産欄に子ども（プロレス）と書いたことに由来しており、子ども以外の一切の金銭的あるいは実物的財産を持たない無産階級を意味する用語として定着した。

2−3. 階級と資産

ブルジョアとプロレタリア以外の階級が、資産のどのような違いから生まれてくるかを考えてみよう。

ブルジョア以外の個人が労働時間を最小にした状態では、資産に関する制約条件は等号で成り立っているはずだから、

$$pax + pay = p\omega$$

であり、両辺を pa で割ることで

第1部　マルクス経済学のミクロ理論

$$x + y = \frac{\omega}{a}$$

を得る。つまり、自分で働いて生産する小麦と人を雇って生産する小麦の合計量は、資産を投入係数で割ったものになるという関係が、ブルジョアとプロレタリア以外の階級で成り立っている。

　また、これらの階級では収入の条件も等式で成り立つから、

$$(p - pa)x + [p - (pa + L)]y + z = pb$$

を変形して、

$$p(1 - a)(x + y) + (z - Ly) = pb$$

が導かれる。これに先ほど資産に関する等式を代入すれば、

$$\frac{p(1 - a)\omega}{a} + (z - Ly) = pb$$

が導かれる。左辺第1項を右辺に移項して整理すれば、

$$z - Ly = p\left[b - \frac{(1 - a)\omega}{a}\right]$$

となるので、左辺と右辺を見比べることで三つに場合分けをすることができるだろう。

第1の場合分けは、資産が境目になる値よりも大きいケースである。

$$z-Ly<0\leftrightarrow\omega>\frac{ba}{1-a}$$

このことは上式に見るように、人に雇われて働く時間 z よりも人を雇って働かせる時間 Ly が大きくなることを意味する。だから、人に雇われて働く時間をゼロにした場合でも人を雇うことになるだろう。ただ、ブルジョアほどの資産を持っていなければ、自分でも働かざるをえない。つまり、資産量がこの条件を満たしている人々は、自分も働くが、人を雇っても働かせる階級を構成する。この階級を**小ブルジョア**と呼ぶことができるだろう。現実の世界では中小企業の経営者など、経営もするが自分でも工場に出て働くような人々である。

第2の場合分けは、境目の資産量とちょうど同じ資産を持つケースである。

$$z-Ly=0\leftrightarrow\omega=\frac{ba}{1-a}$$

こうした条件の人々にとって、人に雇われて働く時間 z と人を雇って働かせる時間 Ly は等しくなっていなければならない。つまり、人に雇われて働く時間 z をゼロにすれば、人を雇うことも同時に止めることになる。しかし、収入は必要なので、自分の資産を利用して自分で働くことになるだろう。こうした人々は**アー**

第1部　マルクス経済学のミクロ理論

チザンと呼ばれる階級を構成する。アーチザンとは英語で職人を意味するが、ここでは自分の資産を使って自分の労働だけで生活するあらゆる人々を指して使っている。現実的には自営業者やフリーランスの人々である。

　第3の場合分けは、保有している資産がゼロではないが基準の量よりは小さいというケースである。

$$z - Ly > 0 \leftrightarrow \omega < \frac{ba}{1-a}$$

　こういう人々にとって、人に雇われて働く時間は人を雇って働かせる時間よりも必ず大きくなければならない。つまり、人を雇うことをせず Ly をゼロにしたとしても、z は必ずプラスになる。同じ量の小麦を生産するなら、人を雇って人件費を払うより、自分で労働した方の収入が大きいから、y はゼロ、x はプラスになる。その分、人に雇われて労働する時間を短くできるからである。こうした人々は、若干の資産を保有しているのでそこからも収入を得られるが、人に雇われることなしには十分な所得を得られないような階級を構成する。これが**半プロレタリア**である。いわゆるサラリーマンなどの最も一般的な人々はこの階級に属すると言っていい。プロレタリアと違って財産をわずかながら持ち、そこからもわずかながら収入を得ているからである。これに対して、プロレタリアは現実の経済では、非正規雇用や不安定な雇用状態に置かれている低所得者に該当するであろう。

第2章　搾取と階級

階級資産対応定理

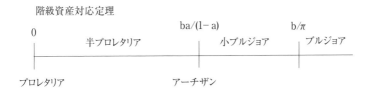

2-4. 階級と搾取

今導出された六つの階級と、前章で見た搾取がどういう関係にあるかを考えるために、1人のアーチザンを考えよう。彼または彼女について、資産は次のようになっているはずだ。

$$\omega = \frac{ba}{1-a} = ax$$

2番目のイコールを変形すると、次の関係が導ける。

$$x = \frac{b}{1-a}$$

したがって、彼の労働時間は

$$Lx = \frac{bL}{1-a} = \lambda b$$

となる。ここで λ は小麦1単位の体化労働時間である。だから、アーチザンはちょうど自分と家族が生活していくのに必要な社会的必要労働分だけ働いていることになる。

しかし、アーチザンより多くの資産を持つ人は、人を雇って利潤を得ることによって自分の労働時間を短くする。したがって、彼または彼女の労働時間は社会的必要労働より短い。それでも生活ができるのは、他の人々の労働を搾取しているからである。この意味でブルジョアと小ブルジョアは**搾取階級**に属する。

一方、アーチザンより少ない資産を持つ人は、人に雇われることによってしか生活できない。人に雇われるということは、搾取を受けて雇い主に利潤を与えているということだから、彼または彼女の労働時間は社会的必要労働時間より長い。この意味で半プロレタリアとプロレタリアは**被搾取階級**に属する。

階級搾取対応定理

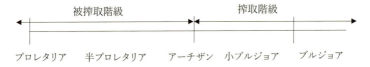

近年世界的に所得格差が拡大して、格差社会化が著しいと言われる。本章の文脈に従えば、それはとりもなおさず階級が再び明瞭になっているということに他ならない。所得格差の背景には資産格差があるのである。

第**3**章

価値と価格

　品物には値段がついているが、そのように金銭で表わされたモノの値段を価格という。あらゆる品物はその価格に対応する何らかの価値を持っているはずである。マルクス経済学では価値の源泉を人々の労働と考えるから、その品物を作るときに直接・間接に必要とされる労働時間が価値を決めると考えてきた。

　ただ、そこに一つの問題がある。実際にその品物を作るのに費やされた労働時間は、同じ品物が市場で販売されるときに付けられる価格と、必ずしも比例しないのである。こうして、マルクス経済学の内部ではそのズレをどう解釈すればよいのかということが、議論されてきたのであり、その議論は今も続いている。

3−1. 転形問題

　私たちが財やサービスを手に入れようと思えば、体化労働時間に相当する労働をしなければならない。そこで、体化労働時間 Λ がそれぞれの商品の価値を表わしていると考えて、Λ を**労働価値**と呼ぶ。しかし、私たちの経済では労働価値どおりの交換が行われることはない。それぞれの品物の生産に従事する企業が等しい利潤率で利潤を得なければならないからである。部門ごとに

61

第1部　マルクス経済学のミクロ理論

利潤率が異なれば、利潤率の低い部門からは企業が退出し、利潤率の高い部門へは企業が参入するので、結局、利潤率は均等な値になるのである。

　たとえば、ある品物を生産している部門で利潤率が高かったとしよう。すると、他の企業もその品物を生産した方が儲かるから、その品物の生産量が増えて値段が下がっていく。それに伴ってその部門の利潤率が下がっていくのである。逆に、ある品物を生産している部門で利潤率が低かったとする。そうすると、その品物を生産している企業のなかには他の品物の生産に移動するところが出てくるだろう。これによって生産量が減少するので品物の価格が上がり、結果として利潤率が高まっていく。こうして、常に利潤率は等しい値になろうとし、このため、価格は労働価値に比例するそれから離れていくのである。

　利潤率が各生産部門で等しくなったときの価格Pを**生産価格**と呼び、面倒なのでここでは、通貨単位ではなく労働時間で表わされるものとする。労働価値はもちろん労働時間で表わされている。通常、価格は通貨単位で表わされるが、何時間という表わし方と何円という表わし方で数字が異なるのは当然である。問題は、品物どうしの比率がどうなっているかなので、最初から生産価格を労働時間で表わしておく方が面倒くさくないのである。

　マルクスは労働価値Λがどのようにして生産価格Pに変形されていくかを問題にしたから、この問題は**転形問題**と呼ばれてきた。

62

第3章　価値と価格

競争による利潤率の均等化

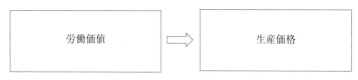

　まず、既に見たように、体化労働時間を定義する式がある。

　　　$\Lambda = \Lambda A + L$

　体化労働時間はその品物1単位を作るために直接・間接に必要な労働時間であり、右辺第1項が部品や原材料の生産に使われる労働時間を、第2項が組み立てや栽培などに直接に必要になる労働時間を示す。この体化労働時間に比例して品物の交換が行われるのが、労働価値ということである。
　続いて、マルクスが生産価格を定義した式である。各部門で均等化した利潤率 π が使われている。右辺の最後の括弧内は以前見た拡張投入係数行列である。

　　　$P = (1+\pi)\Lambda(A + bL)$

　以前見た式と何かが違うのがわかるだろうか。右辺にPでなく Λ が現われていること、これが違いである。おそらく、マルクスは、労働価値から生産価格への転形を問題にしているのだから、Λ を元にしてPがどのように導かれるかをこの式で示したつもりだったのだろう。

第1部　マルクス経済学のミクロ理論

　最後にマルクスが用いたのが、利潤率を定義する式である。右辺の分母はすべての生産物で生産のために投入される品物の体化労働時間の合計であり、分子はすべての部門での**剰余価値**の合計である。剰余価値は剰余労働に対応する労働価値のことである。

$$\pi = \frac{(L - \Lambda bL)y}{\Lambda(A + bL)y}$$

　これらの式で A は投入係数行列、π は利潤率、b は労働者消費量ベクトル、L は労働投入ベクトル、y は数量ベクトルである。

　最後の式から

$$(L - \Lambda bL)y = \pi\Lambda(A + bL)y$$

が得られるが、これは総剰余価値 ＝ 総利潤を表わしている。縦ベクトルである生産量ベクトル y を右から掛けてやると、ある品物の価値または価格にその生産量を掛けて合計することになるので、総額ということである。

　2番目の式の両辺に y を掛けて、1番目の式と上式を考慮すると、ずいぶんシンプルな

$$\Lambda y = Py$$

が得られるが、これは総労働価値 ＝ 総生産価格を意味する。

　この上式の両辺から ΛAy を引いて1番目と2番目の式を考慮

64

すると

$$Ly = (P - \Lambda A)y$$

が得られる。左辺は総直接労働時間数を表わし、右辺は総生産額から原材料費の総額を引いたものになっているから、この等式は**総価値生産物 ＝ 総収入**を意味する。マルクス経済学の用語法では、価値生産物は新たに生み出された労働価値を、収入は賃金と利潤の合計を意味している。

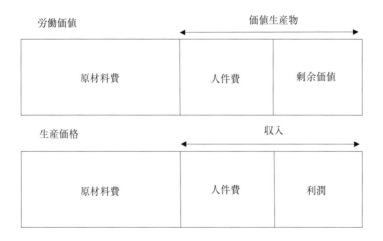

3-2. 総計一致の3命題

前節で見た三つの等式は総計一致の3命題と呼ばれてきた。マ

ルクスはこれら3命題が成り立つことを以って、労働価値の体系から生産価格の体系が導かれることの証拠と考えていたのである。個々の品物で労働価値と生産価格はズレるが、合計で見れば、どの面から見ても一致するのだから、結局のところ、生産価格は労働価値を元にしていると言っていいだろう、という感じだろうか。

だが、マルクス自身の三つの式に戻ってみると、生産価格の決定における原材料や労働の投入の評価が、生産価格ではなく労働価値で行なわれていることが確認できる。本来、これらは生産価格でなければ辻褄が合わない。なぜなら、部品や原材料を企業が購入する場合、決して労働価値で支払いをすることはなく、必ず生産価格で支払うはずだからである。また、企業が労働者に賃金を支払うとき、その賃金は労働者が必要とする生活費に等しいはずである。で、生活費を計算するとき、消費される品物の値段を使うが、これもまた労働価値で計算されることはなく、絶対に生産価格が使われるはずである。

そこで、マルクスの式の本来PでなくてはならないΛをPに直すと、総計一致の3命題が、それぞれ

$$(L - \Lambda bL)y = \pi P(A + bL)y$$
$$(\Lambda A + L)y = (1 + \pi)P(A + bL)y$$
$$Ly = PbLy + \pi P(A + bL)y$$

と書き直されなければならない。

残念ながら、これらの3命題がすべて成り立つことはないのである。そのことを以下で、二つずつの組み合わせごとに示そう。

第 3 章　価値と価格

1)　総剰余価値 ＝ 総利潤と総労働価値 ＝ 総生産価格

　この二つが両立するための条件を見るために、正しく書き直した 1 番目の式を 2 番目の式に代入して整理すれば

$$(\Lambda-P)(A+bL)y=0$$

となる。2 つの命題の両立のためには左辺最初の括弧内が 0 ベクトルでなければならないから、すべての商品の労働価値と生産価格が等しくなければならない。

　もし、そうでない場合に等式が成り立つとすれば、行列 $A+bL$ に左から掛けて 0 ベクトルになるような横ベクトルが存在しなければならない。まあ、この辺は読み飛ばしてほしい。そのためには、数学的に言うと $A+bL$ の階数が $n-1$ で A_j+bL_j が相互に 1 次従属でなければならない。しかし、そういう横ベクトルが存在したとしても、それが $\Lambda-P$ に等しい保証は全くない。したがって、それが成り立たない場合、数量ベクトルが掛けて 0 ベクトルになるように与えられなければならないのだが、そんな偶然は到底期待できないのである。

　それなら、生産価格ベクトル P と労働価値ベクトル Λ が完全に等しいとき、どのような条件が成り立たないといけないのだろうか。そして、その条件は現実性があるのだろうか。

　このことを確認するために、剰余価値ベクトルを S、利潤ベクトルを Π で表わす。

$$\Lambda=\Lambda(A+bL)+S$$

第 1 部　マルクス経済学のミクロ理論

$$P＝P(A＋bL)＋\Pi$$

これらを Λ と P について解き、$\Lambda＝P$ に代入すると

$$(S－\Pi)[I－(A＋bL)]^{-1}＝0$$

が導かれる。ここから $\Lambda＝P$ が成り立つためには $S＝\Pi$ でなければならないことがわかる。そのためには

$$e\Lambda bL_j＝\pi P(A_j＋bL_j)$$

でなければならない。ここで e は搾取率である。
　$\Lambda＝P$ だから

$$\frac{e}{\pi}＝\frac{P(A_j＋bL_j)}{\Lambda bL_j}＝\frac{\Lambda(A_j＋bL_j)}{\Lambda bL_j}＝\frac{\Lambda A_j}{\Lambda bL_j}＋1$$

となる。ここから

$$\frac{\Lambda A_j}{\Lambda bL_j}＝\frac{e}{\pi}－1$$

となる。右辺に出てくる数値はすべて与えられたものなので、左辺の比率も一定になる。左辺の分子は労働価値で測った原材料費であり、分母は労働価値で測った人件費である。この式が要求しているのは、したがって、原材料費と人件費の比率がすべての商

68

品で等しくなければならないということだ。だが、それも現実にはありえないことである。

　製鉄業などではオートメーション化が進んでいるので、原材料費に比べて人件費の割合はずいぶん小さいことだろう。食品工業などでは手作業が多い分、原材料費に比べて人件費の比率がずいぶん大きいことだろう。このように、少し考えてみただけで、すべての品物で原材料費と人件費の比率が等しいという条件が、いかに成り立ち難いかが直ぐにわかるのである。

　2)　総労働価値 ＝ 総生産価格と総価値生産物 ＝ 総収入

　3番目の式を2番目の式に代入して整理すると

$$(\Lambda-P)Ay=0$$

となるが、1) と同じ考察をすれば、やはり成り立つのは無理である。

　3)　総価値生産物 ＝ 総収入と総剰余価値 ＝ 総利潤

　3番目の式を1番目の式に代入して整理すると

$$(\Lambda-P)bLy=0$$

となり、やはり成り立つとは考えられない。

第1部　マルクス経済学のミクロ理論

3−3. 労働価値から生産価格への転形

　こうして、総計一致の3命題のうち、どの二つの組み合わせも同時に成り立たないということがわかった。そもそも、労働価値と生産価格の比較対象はそれが労働時間で表わされるか、通貨単位で表わされるかということとは一切かかわりなく、ただ、両者が比例するかどうかが問題なのである。だから、どの合計を一致させるかは全くの任意であるし、そもそも、総計一致の3命題のうち、一つを成り立たせなければならないというわけでもない。全く違った比率表現の単位や合計を何に合わせるかということ自体、無意味な探求なのである。しかし、お好みならば、どれか一つを成り立たせることは可能ということでもある。

　総計一致の3命題のうち、実際に成り立つのは一つだけだとわかったので、成り立たせる命題として総労働価値 ＝ 総生産価格を考える。なぜなら、転形問題では諸商品の労働価値がどのように諸商品の生産価格として再配分されるかを見たいというのだから、この命題が成り立つのが目的にとっていちばんいいからである。ただし、念のために総計一致の3命題のそれぞれに対応する生産価格の間の関係も見ていくことにする。

$$\Lambda = \Lambda A + L$$
$$P = (1 + \pi) P (A + bL)$$
$$\Lambda y = P y$$

　これら三つの等式が成り立つように、労働価値から生産価格へ

の転形を考えていく。このとき、必ず生産価格は労働価値からずれるのだが、このずれは諸商品の間で、原材料費、人件費、剰余価値が、労働価値で表わしたときと生産価格で表わしたときに異なるために生じる。

1) 労働価値で表わした原材料費と生産価格で表わした原材料費の差

原材料の労働価値と生産価格がそれぞれの商品でどれだけ違うかを表わす縦ベクトルは

$$(P-\Lambda)A$$

である。

2) 労働価値で表わした人件費と生産価格で表わした人件費の差

人件費の労働価値と生産価格がそれぞれの商品でどれだけ違うかを表わす縦ベクトルに関しては、総計一致の総価値生産物 ＝ 総収入が成り立つときの生産価格を P^* として

$$(P^*-\Lambda)bL$$

を考える。だが、成り立っている総計一致命題は総労働価値 ＝ 総生産価格だから、実際のズレは

第1部　マルクス経済学のミクロ理論

$$(P^* - \Lambda)bL - P^*bL\left[1 - \frac{PbLy + \pi P(A+bL)y}{P^*bLy + \pi P^*(A+bL)y}\right]$$

となるはずである。ここでは、総労働価値 ＝ 総生産価格のときの人件費が総価値生産物 ＝ 総収入のときの人件費のどれほどの割合かを求め、その割合の分だけズレが小さくなるように引いて修正している。上式は $(P-\Lambda)bL$ に等しい。

3）　剰余価値と利潤の差

剰余価値と利潤がそれぞれの商品でどれだけ違うかを表わす列ベクトルに関しては、総計一致の総剰余価値 ＝ 総利潤が成り立つときの生産価格を P^{**} として

$$\pi P^{**}(A+bL) - (L - \Lambda bL)$$

を考える。だが、成り立っている総計一致命題は総労働価値 ＝ 総生産価格だから、実際のずれは

$$\pi P^{**}(A+bL) - (L-\Lambda bL) - \pi P^{**}(A+bL)\left[1 - \frac{\pi P^*(A+bL)y}{\pi P^{**}(A+bL)y}\right]$$

$$-\pi P^{**}(A+bL)\left[\frac{\pi P^*(A+bL)y}{\pi P^{**}(A+bL)y} - \frac{\pi P(A+bL)y}{\pi P^{**}(A+bL)y}\right]$$

となるはずである。上式は $\pi P(A+bL) - (L - \Lambda bL)$ に等しい。

最初のマイナスの部分は総価値生産物 ＝ 総収入のときの利潤が総剰余価値 ＝ 総利潤のときの利潤と違うことから必要な修正

であり、次のマイナスの部分は総労働価値 = 総生産価格のときの利潤が総価値生産物 = 総収入のときの利潤と違うことから必要な修正である。つまり、2段階で修正を行っている。

P−Λ はこれら i）〜iii）のズレの和である。

話が難解になったと思うので、本章の最後に数値例を考えよう。

二つの財があり、投入係数行列 A、労働投入ベクトル L、労働者消費量ベクトル b、生産量ベクトル y が下のようになっている。

$$A = \begin{pmatrix} 0.2 & 0.1 \\ 0.2 & 0.1 \end{pmatrix}, L = (4 \quad 10), b = \begin{pmatrix} 0.02 \\ 0.04 \end{pmatrix}, y = \begin{pmatrix} 80 \\ 100 \end{pmatrix}$$

単位行列から投入係数行列を引いた行列は

$$I - A = \begin{pmatrix} 1 & 0 \\ 0 & 1 \end{pmatrix} - \begin{pmatrix} 0.2 & 0.1 \\ 0.2 & 0.1 \end{pmatrix} = \begin{pmatrix} 0.8 & -0.1 \\ -0.2 & 0.9 \end{pmatrix}$$

である。

この行列の行列式は

$$|I - A| = \begin{vmatrix} 0.8 & -0.1 \\ -0.2 & 0.9 \end{vmatrix} = 0.8 \times 0.9 - (-0.1) \times (-0.2) = 0.72 - 0.02 = 0.7$$

第1部　マルクス経済学のミクロ理論

と計算される。したがって、労働価値は

$$\Lambda = L(I-A)^{-1} = (4 \quad 10)\frac{1}{0.7}\begin{pmatrix} 0.9 & 0.1 \\ 0.2 & 0.8 \end{pmatrix} = (4 \quad 10)\begin{pmatrix} \dfrac{9}{7} & \dfrac{1}{7} \\ \dfrac{2}{7} & \dfrac{8}{7} \end{pmatrix}$$

$$= \left(4 \times \frac{9}{7} + 10 \times \frac{2}{7} \quad 4 \times \frac{1}{7} + 10 \times \frac{8}{7}\right)$$

$$= \left(\frac{36+20}{7} \quad \frac{4+80}{7}\right) = \left(\frac{56}{7} \quad \frac{84}{7}\right) = (8 \ 12)$$

と求められる。

　拡張投入係数行列の最大固有値 $1/(1+\pi)$ とそれに対応する左固有ベクトル P の関係として

$$\frac{1}{1+\pi}P = P(A+bL)$$

が成り立つはずである。

　拡張投入係数行列は

$$A+bL = \begin{pmatrix} 0.2 & 0.1 \\ 0.2 & 0.1 \end{pmatrix} + \begin{pmatrix} 0.02 \\ 0.04 \end{pmatrix}(4 \quad 10) = \begin{pmatrix} 0.2 & 0.1 \\ 0.2 & 0.1 \end{pmatrix} + \begin{pmatrix} 0.02 \times 4 & 0.02 \times 10 \\ 0.04 \times 4 & 0.04 \times 10 \end{pmatrix}$$

$$= \begin{pmatrix} 0.2 & 0.1 \\ 0.2 & 0.1 \end{pmatrix} + \begin{pmatrix} 0.08 & 0.2 \\ 0.16 & 0.4 \end{pmatrix} = \begin{pmatrix} 0.28 & 0.3 \\ 0.36 & 0.5 \end{pmatrix}$$

である。この行列の固有値を求めるために、固有方程式というの

を立てないといけない。固有値を仮に z で表わすと固有方程式は

$$\left| (A+bL)-zI \right| = 0$$

というものである。縦棒のなかを具体的に書くと

$$\left| \begin{pmatrix} 0.28 & 0.3 \\ 0.36 & 0.5 \end{pmatrix} - \begin{pmatrix} z & 0 \\ 0 & z \end{pmatrix} \right| = 0$$

であり、

$$\left| \begin{matrix} 0.28-z & 0.3 \\ 0.36 & 0.5-z \end{matrix} \right| = 0$$

から

$$(0.28-z)(0.5-z)-0.3 \times 0.36 = 0$$

という z に関する2次方程式になる。

　これを展開して整理すると

$$z^2 - 0.78z + 0.032 = 0$$

となる。これを解の公式で解けば、

第1部　マルクス経済学のミクロ理論

$$z=\frac{-\left(-0.78\right)\pm\sqrt{\left(-0.78\right)^{2}-4\times0.032}}{2}=\frac{0.78\pm\sqrt{0.6084-0.128}}{2}$$

$$=\frac{0.78\pm\sqrt{0.4804}}{2}=\frac{0.78\pm0.693}{2}=0.74,\,0.044$$

大きい方の固有値は 0.74 なので利潤率は

$$\pi=\frac{1}{0.74}-1=1.36-1=0.36$$

となる。

　他方、固有ベクトルであるが、生産価格ベクトル $P=(P_1\ P_2)$ を左から行列 $(A+bL)-0.74I$ を掛けることで求められる。

$$(A+bL)-0.74I=\begin{pmatrix}0.28 & 0.3\\0.36 & 0.5\end{pmatrix}-\begin{pmatrix}0.74 & 0\\0 & 0.74\end{pmatrix}=\begin{pmatrix}-0.46 & 0.3\\0.36 & -0.24\end{pmatrix}$$

だから、この行列に左から横ベクトル P を掛けて $-0.46P_1$ $+0.36P_2=0$、または $0.3P_1-0.24P_2=0$ となる。どちらからも P_1 $=0.79P_2$ という関係が出てくる。総労働価値は 1840 なので、$80P_1+100P_2=1840$ と一緒に解くと生産価格が求められる。結果は右の表のとおりである。労働価値と生産価格を構成する内訳別にも計算しておくと、右の表のようになる。総労働価値 ＝ 総生産価格が成り立つようにしているので、総価値生産物 ＝ 総所得、総剰余価値 ＝ 総利潤は成り立っていないことが確認できる。

76

第 3 章　価値と価格

	労働価値	原材料費	価値生産物	人件費	剰余価値
Λ_1	8	4	4	2.56	1.44
Λ_2	12	2	10	6.4	3.6
総計	*1840*	520	1320	844.8	475.2
	生産価格	原材料費	所得	人件費	利潤
P_1	8.90	4.04	4.86	2.52	2.34
P_1	11.28	2.02	9.26	6.29	2.97
総計	*1840*	525.2	1316.34	830.6	484.74

　この場合の生産価格の労働価値からのズレは $(0.90 \quad -0.72)$ である。

$$\{(4.04 \quad 2.02) - (4 \quad 2)\}$$
$$+ \left[\{(2.53 \quad 6.31) - (2.56 \quad 6.40)\} - (8.93 \quad 11.32) \begin{pmatrix} 0.08 & 0.2 \\ 0.16 & 0.4 \end{pmatrix} \left(1 - \frac{1315.34}{1320}\right) \right]$$
$$+ \left[\{(2.30 \quad 2.91) - (1.44 \quad 3.60)\} \right.$$
$$- 0.36(8.72 \quad 11.06) \begin{pmatrix} 0.28 & 0.3 \\ 0.36 & 0.5 \end{pmatrix} \left(1 - \frac{486.46}{475.20}\right)$$
$$\left. - 0.36(8.72 \quad 11.06) \begin{pmatrix} 0.28 & 0.3 \\ 0.36 & 0.5 \end{pmatrix} \left(\frac{486.46}{475.20} - \frac{484.74}{475.20}\right) \right]$$
$$= (0.04 \quad 0.02) + \{(-0.03 \quad -0.09) - (0.01 \quad 0.02)\}$$
$$+ \{(0.86 \quad -0.69) - (-0.05 \quad -0.07) - (0.01 \quad 0.01)\}$$
$$= (0.04 \quad 0.02) + (-0.04 \quad -0.11) + (0.90 \quad -0.63) = (0.90 \quad -0.72)$$

　この計算から、生産価格の労働価値からのズレの大きさは、原材料費、人件費、剰余価値におけるズレの合計であることがわかる。

第1部　マルクス経済学のミクロ理論

　次いで $P_1 = 0.79P_2$ を $78.8P_1 + 131.6P_2 = 1320$ に代入すれば、総価値生産物 ＝ 総収入のときの生産価格 P^* が求められる。

	労働価値	原材料費	価値生産物	人件費	剰余価値
Λ_1	8	4	4	2.56	1.44
Λ_2	12	2	10	6.4	3.6
総計	1840	520	*1320*	844.8	475.2
	生産価格	原材料費	所得	人件費	利潤
$P_1{}^*$	8.93	4.05	4.88	2.53	2.35
$P_2{}^*$	11.32	2.03	9.30	6.31	2.98
総計	1846.52	526.52	*1320*	833.54	486.46

　最後に $P_1 = 0.79P_2$ を $18.74P_1 + 28.18P_2 = 475.2$ に代入すれば、総剰余価値 ＝ 総利潤のときの生産価格 P^{**} が求められる。

	労働価値	原材料費	価値生産物	人件費	剰余価値
Λ_1	8	4	4	2.56	1.44
Λ_2	12	2	10	6.4	3.6
総計	1840	520	1320	844.8	*475.2*
	生産価格	原材料費	所得	人件費	利潤
$P_1{}^{**}$	8.72	3.96	4.77	2.47	2.30
$P_2{}^{**}$	11.06	1.98	9.08	6.17	2.91
総計	1803.79	514.34	1289.45	814.25	*475.2*

第2部
マルクス経済学のマクロ理論

　第2部ではマルクス経済学のマクロ理論を扱う。マクロ理論は一国の経済を全体として大掴みに捉え、そのパフォーマンスの実際や原因を分析する分野である。本書で扱っているのも、所得分配、経済成長、景気循環をマルクス経済学がどう理解するかという内容である。

第**4**章

所 得 分 配

　本章では、まず、所得分配を考えよう。マルクス経済学が階級という見方を経済分析の前提にしていることは既に述べた。だから、所得分配も階級間の分配の話になる。他の事象と同じく、所得分配も経済が変動すれば変わっていくことであろう。だから、本章では、経済の構造が安定している状況を前提にして、そこで所得分配がどのように決定されるか、また、所得分配の変化が経済のあり方にどんな影響を与えていくかを考えていこう。

　経済の構造が安定しているためには、時間的に長い期間を捉えることが必要である。考える期間を短くとると経済の絶え間ない変動が目に付いてくる。だが、長い時間をとることによって、短期的な変動が均されて、安定した経済の姿が浮かび上がってくる。つまり、本章では長期の経済の枠組みで所得分配を考えるのである。

4-1. 勤労者が資本を持たないケース

　一国の経済が生み出す所得の合計額を**国民所得**と呼び、Y で表わす。国民所得は**賃金** W と**利潤** P に分かれるが、これが階級間の所得分配である。所得を得た国民は所得のなかから**消費**を

第2部　マルクス経済学のマクロ理論

し、その残りを**貯蓄**に回す。消費はC、貯蓄はSと表わされる。

$$Y=W+P$$
$$Y=C+S$$

国民所得Y

賃金W	利潤P

国民所得Y

消費C	貯蓄S

　企業が新しい設備や建物を購入する**投資**は貯蓄を利用して行なわれるから、両者は必ず等しい。投資はIで示される。

$$I=S$$

国民所得Y

消費C	貯蓄S

国民所得Y

消費C	投資I

第 4 章　所 得 分 配

　貯蓄 S は**勤労者**の貯蓄と**資本家**の貯蓄の和だから

$$S = s_w W + s_c P$$

である。ここで s_w と s_c は、それぞれ勤労者と資本家の**貯蓄性向**
である。貯蓄性向とは各階級が所得のどれだけの割合を貯蓄に回
すかということであり、勤労者は所得が小さく資本家は大きいこ
とから、各階級の消費に所得ほどの差がないとすれば、$s_w < s_c$
が成り立つはずである。
　この式の S のところに I を、W のところに Y−P を代入して
整理してやれば

$$I = s_w(Y - P) + s_c P$$
$$I = s_w Y - s_w P + s_c P$$
$$I = s_w Y + (s_c - s_w)P$$
$$(s_c - s_w)P = I - s_w Y$$

となる。両辺を左辺括弧で割ってやると

$$P = \frac{1}{s_c - s_w} I - \frac{s_w}{s_c - s_w} Y$$

という関係が導かれる。さらに、この式の両辺を Y で割ってや
ると

83

第2部　マルクス経済学のマクロ理論

$$\frac{P}{Y} = \frac{1}{s_c - s_w} \frac{I}{Y} - \frac{s_w}{s_c - s_w}$$

となる。左辺は**利潤分配率**と呼ばれるものだが、それが勤労者と資本家の貯蓄性向と、投資が国民所得に占める割合によって決定されることを意味している。

さらに、同式の両辺に Y/K を掛けると、**利潤率**を示す式

$$\frac{P}{K} = \frac{1}{s_c - s_w} \frac{I}{K} - \frac{s_w}{s_c - s_w} \frac{Y}{K}$$

になる。I/K は**資本蓄積率**と、また、K/Y は**資本係数**と呼ばれている。前者は、企業が保有する設備や建物である資本 K が 1 年間でどれだけ増加するかということであり、後者は一定額の国民所得を生み出すのに、最低限どれだけの資本が必要かということである。

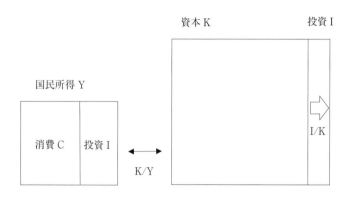

さて、所得分配を考える際、長期の経済を考えることが必要なのであった。長期的に見て、経済はそれぞれの国に特有の**自然成長率** n という一定スピードで成長していく。この自然成長率は**労働人口増加率**に等しい。人手不足を避けるため、資本蓄積率は労働人口増加率を上回ることができないので、長期的に資本蓄積率が自然成長率と等しくなることが従う。

　資本係数を σ で表わせば

$$\frac{I}{Y} = \frac{I}{K}\frac{K}{Y} = n\frac{K}{Y} = n\sigma$$

という関係が成り立つので、長期の経済を考えれば、利潤分配率と利潤率が一意に決まることを示せる。

　当初から、勤労者の所得は賃金だけであるとして話を進めてきた。これは勤労者が資本を持っていないということを意味している。もし、勤労者が貯蓄をするとなれば、それは資本の保有につながるから、勤労者が利潤を受け取らないという想定に反することになる。だから、ここでは勤労者は貯蓄しないのでなければならず、$s_w = 0$ のはずなのである。

　利潤率と利潤分配率の式に $s_w = 0$ などを代入してやれば

$$\frac{P}{K} = \frac{1}{s_c}\frac{I}{K} = \frac{n}{s_c}$$

および

第 2 部　マルクス経済学のマクロ理論

$$\frac{P}{Y}=\frac{1}{s_c}\frac{I}{Y}=\frac{1}{s_c}\frac{I}{K}\frac{K}{Y}=\frac{n\sigma}{s_c}$$

となることがわかるだろう。こうして、利潤率と利潤分配率は、資本家の貯蓄性向、自然成長率、資本係数だけで決まることになる。利潤率も利潤分配率も、自然成長率が高いほど大きく、資本家の貯蓄性向が小さいほど大きい。利潤分配率は資本係数にも関係しているが、それは資本係数が大きいほど大きい。

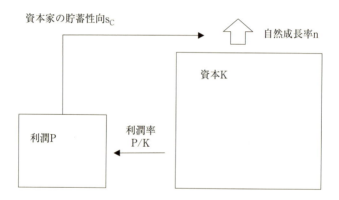

　上図にあるように、資本 K が利潤を生み出す割合が利潤率 P/K である。その資本は自然成長率 n で増加していくが、それは資本家の所得である利潤からの資本家による貯蓄に等しい。したがって、

　　　$s_c P = nK$

第4章 所得分配

だが、ここからも

$$\frac{P}{K} = \frac{n}{s_C}$$

が直接導かれる。

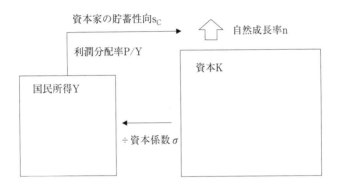

利潤分配率に関しては上図から、

$$s_C \frac{P}{Y} \frac{K}{\sigma} = nK$$

となる。資本Kは自然成長率nと同じスピードで増加しなければならないが、それは利潤Pからの資本家による貯蓄に等しい。そして、利潤Pは国民所得Yのうち利潤分配率の割合にあたるが、国民所得Yは資本Kを資本係数σで割れば求められる。ここから

第2部　マルクス経済学のマクロ理論

$$\frac{P}{Y} = \frac{n\sigma}{s_C}$$

を直接導くことができる。

4−2.　勤労者がわずかながら資本を持っているケース

　ここで、想定を現実化して、勤労者も資本を保有し、利潤の一部を受け取るとすると、所得分配は

$$Y = W + P_w + P_c$$

のように表わされる。P_W は勤労者が受け取る利潤、P_C は資本家が受け取る利潤である。

国民所得Y	利潤P	
賃金W	P_W	P_C

　こうして、貯蓄も

第 4 章 所 得 分 配

$$S=s_w(W+P_w)+s_cP_c$$

となる。

この式で S に I を代入し、$W+P_W$ を $Y-P_C$ で置き換えて整理すると

$$I=s_w(Y-P_c)+s_cP_c$$
$$I=s_wY-s_wP_c+s_c$$
$$I=s_wY+(s_c-s_w)P_c$$
$$(s_c-s_w)P_c=I-s_wY$$

となる。さらに両辺を左辺括弧で割ってやれば

$$P_C=\frac{1}{s_c-s_w}I-\frac{s_w}{s_c-s_w}Y$$

が得られる。

この式の両辺を国民所得 Y で割れば、資本家階級の受け取る利潤と国民所得の割合を示す式

$$\frac{P_c}{Y}=\frac{1}{s_c-s_w}\frac{I}{Y}-\frac{s_w}{s_c-s_w}$$

が導かれる。式の両辺に Y/K を掛けると資本家階級の受け取る利潤と資本の割合を示す式

第2部　マルクス経済学のマクロ理論

$$\frac{P_c}{K} = \frac{1}{s_c - s_w}\frac{I}{K} - \frac{s_w}{s_c - s_w}\frac{Y}{K}$$

になる。

　続いて、勤労者階級の受け取る利潤と資本の割合を考える。経済がその構造を変えず、ただ労働人口成長率に等しいスピードで成長している状況を考えているから、

$$\frac{P_w}{K} = \frac{iK_w}{K} = i\frac{S_w}{S} = i\frac{s_w(Y - P_c)}{I} = i\frac{s_w}{I}\left(Y - \frac{1}{s_c - s_w}I + \frac{s_w}{s_c - s_w}Y\right)$$

$$= i\frac{s_w}{I}\left(\left(1 + \frac{s_w}{s_c - s_w}\right)Y - \frac{1}{s_c - s_w}I\right) = i\left(\frac{s_c s_w}{s_c - s_w}\frac{Y}{I} - \frac{s_w}{s_c - s_w}\right)$$

となる。ただし、iは勤労者が資本家に資本を貸し付けて受け取る**利子率**である。この利子率を勤労者が持っている資本に掛ければ、勤労者が受け取る利潤が算出できるというのが最初のイコールである。

　変化しない経済の構造のなかには、資本家が持っている資本と勤労者が持っている資本の割合も含まれている。それもまた一定であり続けるためには、総貯蓄のうち、資本家の貯蓄と勤労者の貯蓄の割合が等しいことが必要である。これが2番目のイコールである。

第4章 所得分配

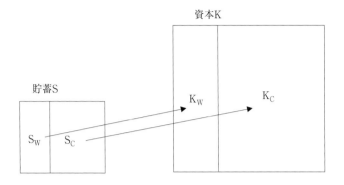

　同様に、勤労者階級の受け取る利潤と国民所得の割合を表わす式は

$$\frac{P_w}{Y} = \frac{iK_w}{Y} = i\frac{K}{Y}\frac{K_w}{K} = i\frac{K}{Y}\left(\frac{s_c s_w}{s_c - s_w}\frac{Y}{I} - \frac{s_w}{s_c - s_w}\right)$$

$$= i\frac{K}{Y}\left(\frac{s_c s_w}{s_c - s_w}\frac{Y}{I} - \frac{s_w}{s_c - s_w}\right)$$

である。

　これらを資本家階級の対応する割合と合わせると、利潤率は

$$\frac{P}{K} = \frac{P_c + P_w}{K} = \frac{P_c}{K} + \frac{P_w}{K} = \frac{1}{s_c - s_w}\frac{I}{K} - \frac{s_w}{s_c - s_w}\frac{Y}{K}$$

$$+ i\left(\frac{s_c s_w}{s_c - s_w}\frac{Y}{I} - \frac{s_w}{s_c - s_w}\right)$$

利潤分配率は

第2部　マルクス経済学のマクロ理論

$$\frac{P}{Y} = \frac{P_c + P_w}{Y} = \frac{P_c}{Y} + \frac{P_w}{Y} = \frac{1}{s_c - s_w}\frac{I}{Y} - \frac{s_w}{s_c - s_w}$$

$$+ i\frac{K}{Y}\left(\frac{s_c s_w}{s_c - s_w}\frac{Y}{I} - \frac{s_w}{s_c - s_w}\right)$$

となる。

　この段階で、労働者の受け取る利子率 i が利潤率そのものに等しいとすれば、利潤率の式は

$$\frac{P}{K} = \frac{1}{s_c - s_w}\frac{I}{K} - \frac{s_w}{s_c - s_w}\frac{Y}{K} + \frac{P}{K}\left(\frac{s_c s_w}{s_c - s_w}\frac{Y}{I} - \frac{s_w}{s_c - s_w}\right)$$

$$(s_c - s_w)\frac{P}{K} = \frac{I}{K} - \frac{s_w Y}{K} + \frac{P}{K}\left(\frac{s_c s_w Y}{I} - s_w\right)$$

$$\left(s_c - s_w - \frac{s_c s_w Y}{I} + s_w\right)\frac{P}{K} = \frac{I}{K} - \frac{s_w Y}{K}$$

$$\frac{P}{K}\frac{s_c(I - s_w Y)}{I} = \frac{I - s_w Y}{K}$$

となる。

　最後の式の両辺に $I - s_w Y$ が現われているので、両辺をこれで割りたくなるのだが、そのためには $I - s_w Y$ が 0 であってはならない。だが、経済が私たちの暮らす資本主義である限り、これは 0 にはなりえないことがわかるので、安心して両辺を割ることができる。なぜなら、これが 0 なら $I = s_w Y$ であり、それが意味するのは国民所得がすべて勤労者のものとなっていて、貯蓄がすべて勤労者のそれだということになってしまうからである。これで

第4章 所得分配

は資本家がいない社会主義になり、私たちの経済には当てはまらない。

なので、安心してこれで両辺を割って、さらに s_c/I でも両辺を割れば

$$\frac{P}{K} = \frac{1}{s_c}\frac{I}{K} = \frac{n}{s_c}$$

が成り立つ。最後の変形では資本蓄積率が自然成長率に等しいという、長期の経済の条件を使っている。

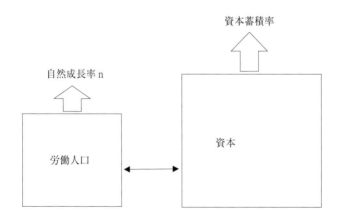

利潤分配率も同様に

$$\frac{P}{Y} = \frac{1}{s_c - s_w}\frac{I}{Y} - \frac{s_w}{s_c - s_w} + \frac{P}{K}\frac{K}{Y}\left(\frac{s_c s_w}{s_c - s_w}\frac{Y}{I} - \frac{s_w}{s_c - s_w}\right)$$

第2部　マルクス経済学のマクロ理論

$$\frac{P}{Y}=\frac{1}{s_c-s_w}\frac{I}{Y}-\frac{s_w}{s_c-s_w}+\frac{P}{Y}\left(\frac{s_c s_w}{s_c-s_w}\frac{Y}{I}-\frac{s_w}{s_c-s_w}\right)$$

$$(s_c-s_w)\frac{P}{Y}=\frac{I}{Y}-s_w+\frac{P}{Y}\left(s_c s_w\frac{Y}{I}-s_w\right)$$

$$\left(s_c-s_w-\frac{s_c s_w Y}{I}+s_w\right)\frac{P}{Y}=\frac{I}{Y}-s_w$$

$$\frac{P}{Y}\frac{s_c}{I}(I-s_w Y)=\frac{I-s_w Y}{Y}$$

となるから、最後の式に利潤率のときと同じ変更を施して

$$\frac{P}{Y}=\frac{1}{s_c}\frac{I}{Y}=\frac{1}{s_c}\frac{I}{K}\frac{K}{Y}=\frac{n\sigma}{s_c}$$

である。

　利潤率は自然成長率が高く、資本家の貯蓄性向が低い国ほど高くなる。

　利潤分配率は利潤率に資本係数を掛けたものに等しいから、自然成長率が高く、資本家の貯蓄性向が低く、資本係数が大きい国ほど高くなる。

　驚くべきなのは、勤労者の貯蓄性向が利潤率にも利潤分配率にも影響を与えないということだ。勤労者もまた貯蓄をし、資本を持っていて利潤の受け取りにもあずかるのだから、彼らの貯蓄性向も影響がありそうなものだ。だから、それは驚くべき結果であって、証明者に因んで**パシネッティの定理**と呼ばれている。

4－3. 勤労者の貯蓄性向は何を決めているのか

　何ゆえこうした不思議な結論になるのか、あらためて考えてみよう。下図に表わされるように、勤労者が所有する資本と資本家が所有する資本との比率が経済で変わってはならないということから、勤労者が貯蓄をしないケースと同じように、資本家の所有する資本と資本家の受け取る利潤との間の関係だけから利潤率が決まるはずである。

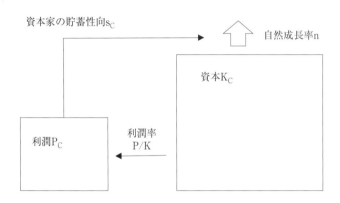

　つまり、

$$s_C P_C = n K_C$$

だが、ここから

第 2 部　マルクス経済学のマクロ理論

$$\frac{P}{K} = \frac{P_C}{K_C} = \frac{n}{s_C}$$

が直接導かれる。

　だが、問題は、普通に考えれば関係のありそうな、勤労者の貯
蓄性向が、なぜ利潤率と関係なくなるかということである。勤労
者の所有する資本と資本家の所有する資本との割合、そして、勤
労者の貯蓄と資本家の貯蓄との割合が等しい、という関係をもう
一度式で書いてみよう。

$$s_W(W+P_W) : s_C P_C = K_W : K_C$$

ここから、

$$s_W(W+P_W)K_C = s_C P_C K_W$$

$$\frac{s_W(W+P_W)}{K_W} = s_C \frac{P_C}{K_C}$$

$$s_W\left(\frac{W}{K_W} + \frac{P_W}{K_W}\right) = s_C \frac{P_C}{K_C}$$

$$s_W\left(\frac{W}{K_W} + \frac{P}{K}\right) = s_C \frac{P}{K}$$

$$\frac{W}{K_W} + \frac{P}{K} = \frac{s_C}{s_W} \frac{P}{K}$$

$$\frac{W}{K_W} = \left(\frac{s_C}{s_W} - 1\right) \frac{P}{K}$$

$$\frac{W}{K_W} = \frac{s_C - s_W}{s_W} \frac{n}{s_C}$$

$$\frac{W}{K_W} = \frac{s_C - s_W}{s_C s_W} n$$

となる。勤労者の貯蓄性向 s_W が決まれば、右辺は定数なので、勤労者の貯蓄性向次第で左辺の比率が適切に変動しなければならない。今資本家の所有する資本と勤労者の所有する資本の比率を t で表わすと $K = K_W + K_C = K_W + t K_W = (1+t) K_W$ である。したがって、国民所得 $Y = (1+t) K_W / \sigma$ と表わせる。これを利潤分配率 P/Y に代入すると

$$\frac{P\sigma}{(1+t)K_W} = \frac{n\sigma}{s_W}$$

$$\frac{(Y-W)\sigma}{(1+t)K_W} = \frac{n\sigma}{s_W}$$

$$\frac{(1+t)K_W - W\sigma}{(1+t)K_W} = \frac{n\sigma}{s_W}$$

$$1 - \frac{\sigma}{1+t} \frac{W}{K_W} = \frac{n\sigma}{s_W}$$

$$\frac{\sigma}{1+t} \frac{W}{K_W} = 1 - \frac{n\sigma}{s_W}$$

$$\frac{\sigma}{1+t} \frac{W}{K_W} = \frac{s_W - n\sigma}{s_W}$$

である。両辺を σ と W/K_W の式の右辺で割ると

第2部　マルクス経済学のマクロ理論

$$\frac{1}{1+t}=\frac{s_W-n\sigma}{s_W}\frac{s_C s_W}{s_C-s_W}\frac{1}{n}$$

$$\frac{1}{1+t}=\frac{s_W-n\sigma}{s_C-s_W}\frac{s_C}{n}$$

となる。両辺で分母と分子をひっくり返し、t について解けば、

$$t=\frac{s_C-s_W}{s_W-n\sigma}\frac{n}{s_C}-1=\frac{n(s_C-s_W)-s_C(s_W-n\sigma)}{s_C(s_W-n\sigma)}$$

となる。最後の式の最後の辺は、勤労者の貯蓄性向が与えられて
しまえば定数になる。つまり、この式が意味するところは、勤労
者の貯蓄性向次第で、資本家の所有する資本と勤労者の所有する
資本との割合が動くということである。勤労者の貯蓄性向はこの
割合を決めることだけに影響しており、自然成長率と資本家の貯
蓄性向によって決まる利潤率に影響することはない。

　上の式で s_W が大きくなれば、分母が大きくなり分子は小さく
なるので割合 t は低下する。つまり、勤労者の貯蓄性向が高くな
れば、資本家の所有する資本に対する勤労者の所有する資本の割
合が若干大きくなる。逆の場合は逆である。

第4章 所得分配

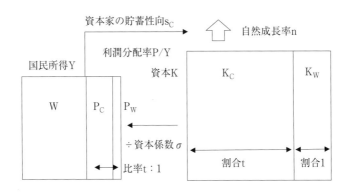

　今の説明のなかでも使った、利潤分配率に勤労者の貯蓄性向が影響しないことを上図で確認しておこう。どういうことなのかと言うと、資本が自然成長率で増えるときの原資は、資本家の貯蓄と勤労者の貯蓄の合計なのだが、これがちょうど合計して $s_C Y$ になるように、必ず t が動いて調整するということである。求めるべき利潤分配率を一定とすれば、利潤と賃金の割合は変わらないので賃金の額、したがって、賃金から勤労者が貯蓄する額は決まっている。もし、このとき、勤労者の貯蓄性向が高まれば、資本家の貯蓄性向を一定として、経済全体の貯蓄額が $s_C Y$ を上回ってしまう。勤労者の賃金からの貯蓄も利潤からの貯蓄も増えるからである。この場合、資本家が所有する資本の、勤労者の所有する資本に対する割合 t が小さくなれば、一定の金額の利潤のうち、資本家が受け取る利潤の、勤労者が受け取る利潤の割合も同じ割合で小さくなるので、経済全体の貯蓄額が小さくなって $s_C Y$ まで戻るのである。

　注意しておかなければならないのは、パシネッティの定理は、

第2部　マルクス経済学のマクロ理論

別に、資本家に権力があるから資本家の貯蓄性向が利潤率、利潤分配率を決めており、勤労者に権力がないから勤労者の貯蓄性向が利潤率、利潤分配率に影響を与えていない、ということを言っているのではないということだ。パシネッティの定理が導かれるのは、長期の経済が持っている、構造が変化しないという性質を維持するために要求される内容だからである。一言で言ってしまえば、資本家の所得が利潤だけからなることが、資本家の貯蓄性向が利潤率などを決めている決定的な要因である。これに対して、勤労者は所得が利潤の他に賃金からも構成されているために、勤労者側で調整が行われることになるのである。

第5章

経 済 成 長

　前章で見たように、長期的には経済が一定の自然成長率で成長していく。しかし、私たちがよく知っているように、実際の歴史のなかでは、経済成長が早い時期と遅い時期がある。つまり、経済を長期よりも少し短いタイムスパンで見れば、経済成長率が変動するのだということである。

　それでは、何が中期の経済での経済成長率の大きさを決めているのだろうか。本章ではそれを扱うことになるのだが、その過程で皆さんには、経済成長のような変化を扱う数学として微分に習熟してもらうことになるだろう。

5−1. 経済成長率と資本蓄積率

　前章で見たように国民所得は賃金と利潤に分かれる。ここで r を**利潤率**、w を**賃金率**、K を**資本ストック**、N を**雇用量**とすれば、所得分配を次の式で表わすことができる。

$$Y = rK + wN$$

　利潤率 r は簡単な変形によって

101

第 2 部　マルクス経済学のマクロ理論

$$r = \frac{P}{K} = \frac{Y^*}{K}\frac{Y}{Y^*}\frac{P}{Y} = \frac{u\pi}{\sigma}$$

と表わすことができる。2 番目のイコールの後の項は、**資本係数**の逆数、**設備稼働率**、利潤分配率を掛け合わせたものになっている。それぞれ、記号 σ, u, π で表わした。設備稼働率とは、資本設備が全キャパシティの何％使われているかを表わすものであり、フル稼働状態で生み出される国民所得は Y と区別されて Y* で表わされている。長期の経済では Y は常に Y* なので区別しなかったが、本来資本係数はフル稼働時で定義されているのである。

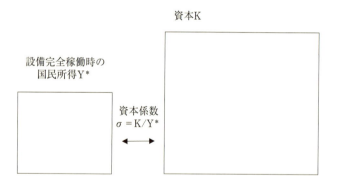

だから、中期の経済でも資本係数は一定と考えられる。また、利潤率は、分子にある利潤分配率や設備稼働率と同方向に変化することがわかる。

設備稼働率が 1 のときは

$$r^* = \frac{\pi}{\sigma}$$

である。これは前章で見た利潤率と利潤分配率の関係と一緒である。

なお、設備完全稼働時の**労働生産性** Y^*/N を y で表わすと

$$\pi = \frac{P}{Y} = \frac{Y-wN}{Y} = 1 - w\frac{Y^*}{Y}\frac{N}{Y^*} = 1 - \frac{w}{uy}$$

だから、この式を変形して、賃金率 w を

$$w = uy(1-\pi)$$

と表わすことができる。つまり、賃金率は設備稼働率と同方向、利潤分配率と逆方向に変化するのである。

ここで、賃金からは貯蓄がなされず、資本は全て資本家が持っているとしよう。資本家についてのみ定義される貯蓄性向を単純に s で表わせば

$$S = sP$$

である。

経済が成長するために資本が増加する場合、その源泉は資本家の貯蓄しかないので、資本に対する貯蓄の割合を**経済成長率**と呼べば、それは

第2部　マルクス経済学のマクロ理論

$$g=\frac{S}{K}=s\frac{P}{K}=sr$$

と表わせる。

　いろいろ考えられる経済成長率のうち、設備稼働率が1のときの経済成長率 sr^* を**保証成長率**といい、これが維持される限り、資本設備の完全稼働が経済成長を通じて保証される。ここで r^* は、上述の設備完全稼働時の利潤率である。

　そのことを示しておこう。

　国民所得の増加額を ΔY、資本の増加額を ΔK で表わすと

$$\frac{\Delta Y}{Y}=sr^*=\frac{s\pi}{\sigma}$$

が成り立っている。ここから、

$$\sigma\Delta Y=s\pi Y$$

$$\sigma\Delta Y=s\frac{P}{Y}Y$$

$$\sigma\Delta Y=sP$$

となる。この式の右辺は貯蓄額である。この分だけ実際に資本が増える。一方、左辺であるが、資本係数 σ はある国民所得をちょうど生み出すのに必要な資本の倍率であるから、これに ΔY を掛ければ、国民所得の増加分をちょうど生み出すのに必要な資本の増加分が出てくる。つまり、この式が意味するのは、資本の

104

第 5 章　経 済 成 長

増加額が、設備稼動率100％を保証するような国民所得の増加額にちょうど対応するものになるということである。

　ところで、実際の資本の増加スピードは、企業がどれだけの投資を決意するかで決まるので、**資本蓄積率**

$$a = \frac{I}{K}$$

は上で述べた経済成長率と、必ずしも一致しないかもしれない。その資本蓄積率は次のように設備稼働率と利潤分配率によって決まるとする。

$$a = \eta_u u + \eta_\pi \pi + \eta_0$$

ここで η_u、η_π、η_0 は正の定数である。
$g = a$ と置けば

$$\frac{su\pi}{\sigma} = \eta_u u + \eta_\pi \pi + \eta_0$$

である。需要面の伸びを示す経済成長率と、供給面での伸びを示す資本蓄積率とは必ず一致しなければならない。

5−2.　微分を使った変化の分析

　ここで利潤分配率が変化したときに何が起きるかを考える。利

第2部　マルクス経済学のマクロ理論

潤分配率が変化したときに経済成長率は変化する。また、資本蓄積率も変化する。こうした変化の後にも上式のイコールが成り立つためには、利潤分配率の変化に対する両者の変化の方向と幅が同じでなければならない。このことは、数学的には、左辺の式と右辺の式の利潤分配率に関する微分がまたイコールで結ばれるということである。

　ここで数学の微分の考え方について一から説明しておこう。たとえば、uという値のほんのわずかな変化分をduと表わす。同じようにπという値のほんのわずかの変化分をdπで表わす。これらは微量の変化分という意味で微分と呼ばれる。つまり、duはuの微分、dπはπの微分という言い方ができる。ほんのわずかというのは一体全体どれほどわずかな量なのだろうか。もちろんほんのわずかといっても変化分は変化分であるから0ではない。しかし、限りなく0に近い変化分という言い方がひとまずできる。

　私たちがある数値の変化を考える場合、その変化の原因というものがあるはずである。たとえば、uの変化の原因がπの変化であったとする。つまり、πが変化するにつれてuも変化していくとする。このとき、ある一定のuとπの値の組み合わせを考え、そこを起点にする。その起点から考えてπがある幅で変化したとき、uもある幅で変化するはずだ。そこで二つの変化分の比率を計算する。ただ、ある幅というのはかなり大雑把であることは否定できないので、いったんこの比率を計算したいで、最初に変化するπの変化幅を0に向かってどんどん小さくしていく。それに伴ってuの変化幅もどんどん小さくなっていく。この極限状態で比率$du/d\pi$はある一定の値になる。このときの比率が

106

微分係数と言われるものであり、それぞれの値の微分は微分係数の分子と分母になっている。

さて、微分の計算では成り立つ性質がいくつかある。まず、上式の左辺を見てほしい。これを π で微分することを

$$\frac{d}{d\pi}\left(\frac{su\pi}{\sigma}\right) = \frac{s}{\sigma}\frac{du\pi}{d\pi}$$

と表現する。ここで s/σ が微分とは関係なく前に置かれているのは、資本家の消費性向 s も資本係数 σ も変化しない定数だからだ。定数が掛かっている式を微分しても定数部分は変化しないので、最初から微分の計算から省いて前に置いておいて構わないのである。その後の部分は二つの数値の掛け算 $u\pi$ を π で微分している。掛け算してある式を微分する場合には、それらを一つずつ微分したものを足し合わせることで計算できる。具体的には

$$\frac{du\pi}{d\pi} = \frac{du}{d\pi}\pi + u\frac{d\pi}{d\pi} = \frac{du}{d\pi}\pi + u$$

ということだ。$d\pi/d\pi$ は分子と分母が同じだからもちろん 1 になる。

次に経済成長率 = 資本蓄積率の式の右辺を微分することを考えたい。このようにプラスやマイナスでつながったいくつかの項からなる式を微分するとき、掛け算の分配法則と同じように 1 個 1 個順番に微分してやることになる。こういう具合である。

第2部　マルクス経済学のマクロ理論

$$\frac{d}{d\pi}(\eta_u u + \eta_\pi \pi + \eta_0) = \eta_u \frac{du}{d\pi} + \eta_\pi \frac{d\pi}{d\pi} + \frac{d\eta_0}{d\pi} = \eta_u \frac{du}{d\pi} + \eta_\pi$$

　変数 u や π などの前に掛かっている係数は先ほど見たように微分に関係しないので前に出してよい。また、定数項を微分しても定数は変化しないのだから結果は 0 になる。

　以上のことから、経済成長率 = 資本蓄積率の式の両辺をそれぞれ微分して再び等しいと置いたものは

$$\frac{s}{\sigma}\left(\frac{du}{d\pi}\pi + u\right) = \eta_u \frac{du}{d\pi} + \eta_\pi$$

となる。

　両辺に σ を掛けて左辺括弧内に s を掛け入れてやれば

$$\frac{du}{d\pi}s\pi + su = \eta_u \sigma \frac{du}{d\pi} + \eta_\pi \sigma$$

となる。微分係数 du/dπ の項を左辺に、それ以外の項を右辺に集めて整理すると

$$(s\pi - \eta_u \sigma)\frac{du}{d\pi} = -su + \eta_\pi \sigma$$

となり、左辺の括弧で両辺を割ってやれば

108

$$\frac{du}{d\pi} = -\frac{su - \eta_\pi \sigma}{s\pi - \eta_u \sigma}$$

が従う。

　微分する前の式で利潤分配率と設備稼働率は正なのだから、この後すぐに見るように、最後の式の右辺の分子・分母は正でなくてはならない。これが意味しているのは設備稼働率を利潤分配率で微分したものがマイナスの符号になるということであるので、利潤分配率が上がったとき、設備稼働率は下がることがわかる。つまり、両者は互いに逆方向に変動する。この関係は決定的に重要である。

　さて、最後の式の分母・分子が正でなくてはならない理由は下記のとおりである。

$$\frac{su\pi}{\sigma} = \eta_u u + \eta_\pi \pi + \eta_0$$

を変形すれば

$$\frac{(s\pi - \eta_u \sigma)u}{\sigma} = \eta_\pi \pi + \eta_0, \ \frac{(su - \eta_\pi \sigma)\pi}{\sigma} = \eta_u u + \eta_0$$

という二つの式が得られ、さらに

$$u = \frac{\sigma(\eta_\pi \pi + \eta_0)}{s\pi - \eta_u \sigma}, \ \pi = \frac{\sigma(\eta_u u + \eta_0)}{su - \eta_\pi \sigma}$$

のように整理することができる。uもπももちろん正の数であり、いずれの式の分子も正の数だから、両式の分母も正でなければならないのである。

5-3. 弾力性と経済成長の二つのパターン

なお、微分係数の式の右辺はマイナスの定数なので、利潤分配率πと設備稼働率uとの関係を図で表わすと右下がりの直線になる。

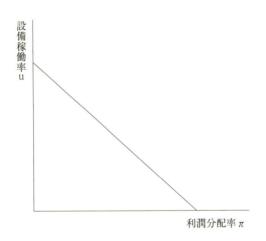

今見たように、利潤分配率が大きくなったとき、必ず設備稼働率が低下するのであった。それでは、利潤分配率が大きくなったとき、利潤率は高まるのであろうか。それとも低くなるのであろうか。利潤率に対する利潤分配率の効果は、$r = u\pi/\sigma$ をπで微

分して調べることができる。

$$\frac{dr}{d\pi} = \frac{d}{d\pi}\left(\frac{u\pi}{\sigma}\right) = \frac{1}{\sigma}\frac{du\pi}{d\pi} = \frac{1}{\sigma}\left(\frac{du}{d\pi}\pi + u\frac{d\pi}{d\pi}\right) = \frac{1}{\sigma}\left(\frac{du}{d\pi}\pi + u\right)$$

$$= \frac{u}{\sigma}\left(1 + \frac{du}{d\pi}\frac{\pi}{u}\right) = \frac{u}{\sigma}\left(1 + \frac{\dfrac{du}{u}}{\dfrac{d\pi}{\pi}}\right)$$

　この結果がプラスであれば、利潤分配率が大きくなったときに利潤率が高まる。マイナスであれば、利潤分配率が大きくなったときに利潤率が低くなる。結果がプラスになるか、マイナスになるかは最後の括弧のなかがプラスになるか、マイナスになるかで決まる。設備稼働率 u も資本係数 σ もプラスの定数だからだ。最後の括弧のなかの最後の分数は**弾力性**と呼ばれるものを表わしている。分子は、現在の設備稼働率から設備稼働率がどれだけの割合で変化するかを表わす。分母は、現在の利潤分配率から利潤分配率がどれだけの割合で変化するかを表わしている。分母と分子を100 倍しても弾力性の値に変化はないから、ここでの弾力性は利潤分配率が何％変化したときに設備稼働率が何％変化するかという比率に他ならない。同じことだが、利潤分配率の1％の変化に対して設備稼働率が何％変化するかという倍率を弾力性は表現している。

　先に見たように、利潤分配率が大きくなると設備稼働率は低下するのであった。だから、最後の括弧の最後の分数式の値は必ずマイナスになる。しかし、弾力性は必ず絶対値、つまり、プラスで、その大きさだけを表現することになっている。だから、正確

には、最後の分数式の絶対値が、利潤分配率に対する設備稼働率の弾力性、縮めて、設備稼働率の利潤分配率弾力性である。

弾力性＞1であることを弾力的と呼ぶ。利潤分配率の1％の変化に対する設備稼働率の変化が1％を上回るからである。弾力性＜1であることを非弾力的と呼ぶ。利潤分配率の1％の変化に対する設備稼働率の変化が1％を下回るからである。今のケースでは、弾力的な場合、微分係数はマイナスになるので、利潤分配率が大きくなったときに利潤率は低くなる。逆に、非弾力的な場合、微分係数はプラスになるので、利潤分配率が大きくなったときに利潤率は高まる。

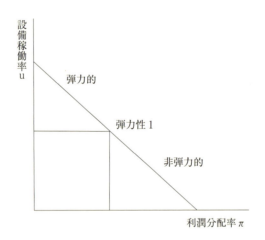

図で言えば、弾力性が1なのは右下がりの線分の中点においてである。図形的に言って線分の中点では $u\pi$ の面積が最大になる。利潤率は $r = u\pi/\sigma$ であるから、ここで利潤率も最高である。

線分上のこれより左上では利潤分配率を高めるほど面積 $u\pi$ は大きくなり、利潤率が高まっていくから、ここでは弾力性が1を超えて弾力的になっていることがわかる。線分上のこれより右下では利潤分配率を高めるほど面積 $u\pi$ は小さくなり、利潤率が低くなっていくから、ここでは弾力性が1を下回って非弾力的になっていることがわかる。

では、先に求めておいた関係

$$\frac{du}{d\pi} = -\frac{su - \eta_\pi\sigma}{s\pi - \eta_u\sigma}$$

を、利潤分配率に対する利潤率の微分係数の式に代入してみる。

$$\frac{dr}{d\pi} = \frac{u}{\sigma}\left(1 + \frac{du}{d\pi}\frac{\pi}{u}\right) = \frac{u}{\sigma}\left(1 - \frac{su - \eta_\pi\sigma}{s\pi - \eta_u\sigma}\frac{\pi}{u}\right)$$

ここで括弧のなかの最初の分数式に、資本蓄積率の式の係数 η_π と η_u が入っている。今二つのケースとして片方が0の場合を考えていこう。

まず、$\eta_\pi = 0$ を仮定する。この場合、資本蓄積率が利潤分配率に反応しないということになる。

$$\frac{dr}{d\pi} = \frac{u}{\sigma}\left(1 - \frac{su}{s\pi - \eta_u\sigma}\frac{\pi}{u}\right) = \frac{u}{\sigma}\left(1 - \frac{s\pi}{s\pi - \eta_u\sigma}\right)$$

$$= \frac{u}{\sigma}\frac{s\pi - \eta_u\sigma - s\pi}{s\pi - \eta_u\sigma} = \frac{u}{\sigma}\frac{-\eta_u\sigma}{s\pi - \eta_u\sigma} = \frac{-\eta_u u}{s\pi - \eta_u\sigma}$$

第2部 マルクス経済学のマクロ理論

である。最後の分数式で分母はプラスであり、分子はマイナスだから、全体の符号はマイナスになる。この場合、利潤分配率が上がると利潤率は下がる。逆に言えば、**賃金分配率**が上がると利潤率が高まり、経済成長が加速される。これを**賃金主導型経済成長**と呼ぶ。このとき、賃金分配率が上がっている上に設備稼働率が上がっているので、賃金率は大きく上昇している。

微分係数 $du/d\pi$ の式の右辺に $\eta_\pi=0$ を代入し、u/π を掛けて 1 に加えてみる。すると

$$1-\frac{su}{s\pi-\eta_u\sigma}\frac{\pi}{u}=\frac{su\pi-u\eta_u\sigma-su\pi}{su\pi-u\eta_u\sigma}=\frac{-u\eta_u\sigma}{su\pi-u\eta_u\sigma}<0$$

であることがわかるので、設備稼働率の利潤分配率弾力性が 1 を上回っていることになる。だから、このケースは設備稼働率が利潤分配率に対して弾力的な場合である。

二つ目のケースとして $\eta_u=0$ を仮定する。この場合、資本蓄積率が設備稼働率に反応しない。

$$\frac{dr}{d\pi}=\frac{u}{\sigma}\left(1-\frac{su-\eta_\pi\sigma}{s\pi}\frac{\pi}{u}\right)=\frac{u}{\sigma}\left(1-\frac{su-\eta_\pi\sigma}{su}\right)$$

$$=\frac{u}{\sigma}\left(\frac{su-su+\eta_\pi\sigma}{su}\right)=\frac{u}{\sigma}\frac{\eta_\pi\sigma}{su}=\frac{\eta_\pi}{s}$$

である。全体の符号はプラスだから、この場合、利潤分配率が上がると利潤率も上がる。こうして、経済成長が加速される。これを**利潤主導型経済成長**と呼ぶ。このとき、賃金分配率が下がって

114

いる上に稼働率が下がっているので、賃金率は大きく低下することが予想される。ただし、経済成長のお陰で労働生産性 y が上昇すれば、利潤主導型経済成長の下でも賃金率が上昇するのであり、実際の経済でもそうなる公算が強いのではないだろうか。

微分係数 $du/d\pi$ の式の右辺に $\eta_u = 0$ を代入し、u/π を掛けて 1 に加えてみる。すると

$$1 - \frac{su - \eta_\pi \sigma}{s\pi} \cdot \frac{\pi}{u} = \frac{su\pi - su\pi + \pi \eta_\pi \sigma}{su\pi} = \frac{\pi \eta_\pi \sigma}{su\pi} > 0$$

であることがわかるので、設備稼働率の利潤分配率弾力性が 1 を下回っていることになる。だから、このケースは設備稼働率が利潤分配率に対して非弾力的な場合である。

本来、賃金主導型経済成長が卓越すべき状況で、利潤分配率を高めてしまうと経済成長率は顕著に低下してしまう。日本の失われた 20 年はこれによって説明できるのかもしれない。

第2部 マルクス経済学のマクロ理論

第**6**章

景気循環

　経済成長を問題にした前章よりも、より短い時間で経済を見た場合、そこには好景気と不景気を繰り返す姿が見えてくるだろう。本章では短期の経済の枠組みを用いて景気循環について考察する。

　現実の経済に景気循環が存在していることを私たちはよく知っている。だが、経済はどうして安定的に成長することができないのだろうか、何が景気循環を引き起こしているのだろうか、と自分に問うたとき、その答えが必ずしも自明でないことに気が付くだろう。

　前章での微分の学習に加えて、本章では偏微分の考え方に慣れ親しんでもらうことが必要になる。

6−1. 不安定な経済

　総需要という言葉が意味するのは、モノが1年間にどれだけ売れるかということだから、外国貿易や政府の存在を考えなければ、それは国内の消費と投資の合計である。これに対して、**総供給**はどれだけのモノが生産され、市場で販売されるのかということである。作ったモノが売れれば、その売り上げは国民に配分さ

第6章　景気循環

れて家計の所得になるから、総供給は国民の所得の合計、つまり、国民所得 Y に等しい。

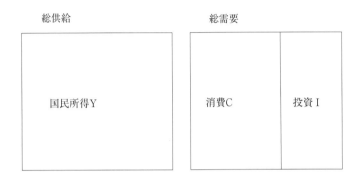

　総需要が総供給を上回るとき、生産が促されるので、その差の一定割合だけ国民所得が増加する。逆に、総需要が総供給を下回れば、生産が減少して、その差の一定割合だけ国民所得が減少する。その割合を α とすれば、この変動する経済の様子を次の式で記述することが可能である。

$$\dot{Y}=\alpha[C(Y)+I(Y,i(Y))-Y]$$

　この式の左辺は国民所得 Y を時間で微分したものである。その意味は時間とともに国民所得がどちらの方向にどれだけ変化するかである。時間微分がプラスのとき、国民所得が増加し、マイナスのとき、減少する。絶対値が大きいほど変化のスピードは速い。α の後の大括弧のなかは、マイナスの前が消費と投資の合計である総需要を、マイナスの後が国民所得によって表わされる総

第2部　マルクス経済学のマクロ理論

供給を表わしている。

　時間微分の表わし方だが、

$$\frac{dY}{dt} = \dot{Y}$$

という具合にドットを使って表わすことも多い。つまり、Y
ドットは一瞬後に国民所得が増えているのか、減っているのか、
どれだけ増えているのか、どれだけ減っているのかを表わしてい
る。

　消費Ｃや投資Ｉなどの後の括弧は、それらの数値が括弧のな
かの数値によって決められることを表わすものである。消費は国
民所得Ｙだけによって決まるが、投資は国民所得と**利子率**とに
よって決まる。また、利子率は国民所得が増えると変化する。だ
から、投資はいずれにしても国民所得が決まれば決まるというこ
とである。ただし、その影響経路が二つある。一つは直接に国民
所得が投資を増やすという関係である。国民所得が大きければ、
企業は生産を増やさなければならない。生産のためには資本が必
要であるから、企業は国民所得が大きいとき、新たな資本を導入
することを意味する投資を促されるのである。

　もう一つの経路は、国民所得が利子率を決め、そうして決まっ
た利子率が投資を動かすという間接的な道筋である。国民所得が
大きいとき、借入の希望も増大するので銀行は利子率を上げなけ
ればならない。利子率が上がれば、企業は投資のための資金を銀
行から借りる際の条件が厳しくなり、投資を控えざるをえない。

　このように、国民所得が増大すると、投資を促す直接的な要因

第6章　景気循環

と、利子率の上昇を通じて投資を抑制する間接的な要因とが逆方向へ作用することになる。前者の要因が強いか、後者の要因が強いかの違いによって、結果として決まる投資が増えるか減るかが決定される。

括弧のなかの式を Y で微分すると

$$C_Y + I_Y + I_i i_Y - 1 = (I_Y + I_i i_Y) - (1 - C_Y)$$

となる。ここで微分の結果を表わすのに、dC や dY を使わずに右下添え字で何を使って微分したかを表わすようにしている。これは式が入り組んでくると、元々の表現ではたいへん見づらくなってくるからだ。要するに

$$\frac{dC}{dY} = C_Y$$

と表わしているということである。

消費 C は国民所得 Y だけによって決まるのだが、投資 I が国民所得 Y と利子率 i という二つの要因によって決まっていたことを思い出してほしい。結果、I は Y によって微分することもできるし、i によって微分することもできる。微分は要因の方をほんのわずか増やして、結果の方がどれだけ変化するかを見る操作である。もし一斉に両方の要因で微分してしまったら、結果としての変化にどちらの要因が働いたかがわからなくなってしまうだろう。だから、こういう場合、どちらか片方の要因だけで微分をし、もう一つの要因は全く増えなかったものとする。こういう微

119

第2部　マルクス経済学のマクロ理論

分を特に偏微分と呼んでいる。二つ以上の要因の、どれか一つに偏って微分をするという意味だ。上式で I_Y は投資を国民所得で偏微分したもの、I_i は投資を利子率で偏微分したものである。

　ところで、利子率もまた究極的には国民所得によって決定されているのであった。つまり、因果関係は $Y \rightarrow i \rightarrow I$ という具合に2段階になっている。この長めの因果関係に沿って投資を国民所得で微分することを考える。まず、国民所得がほんのわずか変化したとする。これによってどれだけ利子率が変化するかの割合は i_Y である。これは偏微分ではなく普通の微分だ。なぜなら、利子率を決める要因は国民所得一つだけだからである。次に利子率をほんのわずか増やしてみて、これに対応する投資の変化の割合を求める。これが I_i である。最初に国民所得が変化して利子率が変化、さらにその変化に対応して投資が変化、これが因果関係 $Y \rightarrow i \rightarrow I$ だが、最初から通しで割合を出すと二つの変化の割合を掛け合わせたものになるはずである。つまり、$I_i\, i_Y$ である。

　他方で国民所得から投資への影響関係には、利子率を経ない $Y \rightarrow I$ という直接的なものもある。だから、二つの経路を合わせて、国民所得がほんのわずか変化した場合の投資の変化を求めると、二つの合計 $I_Y + I_i\, i_Y$ となるのである。

　まとめておこう。投資は二つの要因、国民所得と利子率とによって決定されるのであった。そこで、上で投資を微分するとき、国民所得だけで微分することと利子率だけで微分することを別々にやっていた。こうした操作を偏微分と呼んでいる。ある要因で微分するとき、他の要因は一定と考えている。それが偏微分の考え方である。

　さらに、国民所得の変化が投資に与える効果はダイレクトなも

120

のと、利子率を通したものの2経路に分かれていた。後者に関して、まず、国民所得の変化が利子率をどれだけ変化させるかを考え、その値に利子率の変化が投資に与える影響を掛け合わせる方法で求めることができる。全体の効果は先のダイレクトな効果と、後者の複合的な効果の合計になるわけである。だから、二つの項が足し合わせられている。

　微分の結果がプラスになるか、マイナスになるかで、グラフに描かれる曲線が右上がりになるか、右下がりになるかが決まる。イコールの後の最初の括弧は、国民所得が増えたときに投資がどれだけ増えるかという**投資性向**である。マイナスの後の括弧は、国民所得が増えたときに消費がどれだけ増えるかという**消費性向**を1から引いたものであるので、**貯蓄性向**である。

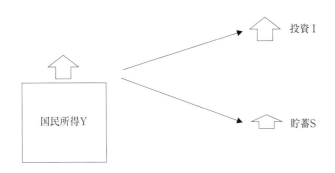

　この経済では企業の投資意欲が旺盛で、投資性向が貯蓄性向より大きいと仮定すれば、曲線は次ページの図のように右上がりになる。

第2部 マルクス経済学のマクロ理論

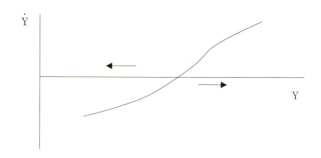

　図の縦軸は国民所得の時間微分であり、横軸は国民所得それ自体である。右上がりということはどこかで縦軸0の横軸と交わるはずだ。その交点は国民所得が変化を止める安定点である。この点より右の国民所得では時間微分がプラスになるので、国民所得が安定点から遠ざかるようにして増加していく。逆に、この点より左の国民所得では時間微分がマイナスになるので、国民所得がやはり安定点から遠ざかるようにして減少していく。つまり、経済は安定点から離れる傾向を持つという意味で不安定である。

6−2. 金融のある経済

　上で見たように、国民所得は増加するか減少するかであって、経済は不安定ではあるが、今のところ、特に循環の様子は見られない。つまり、景気循環が生じるためには新たな原因が必要だということである。その原因として考えられるうち、最も有力なものが金融の存在である。準備を進めた上で、金融の存在によって何が変わるかを見ていこう。
　今、利潤と賃金の比である**利潤賃金比率**を τ とすると、

$$Y = W + P = \left(1 + \frac{P}{W}\right)W = (1 + \tau)wN$$

だから、**総賃金**は

$$wN = \frac{1}{1+\tau}Y$$

と表わすことができ、**総利潤**は

$$Y - wN = Y - \frac{1}{1+\tau}Y = \frac{\tau}{1+\tau}Y$$

と表わすことができる。前章などで使った利潤分配率を π とすると、τ と π の間には

$$\tau = \frac{\pi}{1-\pi}, \ \pi = \frac{\tau}{1+\tau}$$

という関係が成り立っている。

第2部 マルクス経済学のマクロ理論

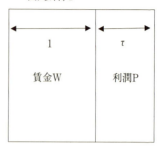

　総利潤のうち δ の割合が**配当**に回され、残りは企業利益の**内部留保**になるとする。配当は企業が資本の所有者である株主に利益を配分することである。また、内部留保は、株主に配らなかった利益を投資のための資金として社内に留め置くことである。

　配当と内部留保の総額はそれぞれ

$$\frac{\delta\tau}{1+\tau}Y, \frac{(1-\delta)\tau}{1+\tau}Y$$

である。消費 C は賃金と配当の合計に、個人所得に対する消費性向 c を掛けたものと**基礎消費**の和だから

$$C = c\frac{1+\delta\tau}{1+\tau}Y + C_0$$

となる。個人所得が 0 のとき、基礎消費だけの消費が行なわれる。つまり、基礎消費とは、所得がなくても生存のために行なわ

なくてはいけない消費額を、国民全員について合計したものである。これで当初、抽象的に C(Y) とだけ表わされていた消費が具体的になった。

国民所得Y　利潤P

賃金W	配当	内部留保

国民所得Y　貯蓄S

消費C	賃金・配当からの貯蓄	内部留保

　それでは、金融の存在を考えることにしよう。金融とは国民の貯蓄を投資へとつないでいくということである。貯蓄を行なうのは勤労者や資本家の家計であり、投資を行なうのは企業であるから、何か両者をつないでくれるところがなければ、投資の資金がうまく回っていかないであろう。こうして、金融機関と呼ばれる専門の企業が必要となってくる。

　数ある金融機関のうち、ここでは代表的なものとして銀行を考えよう。銀行は家計の貯蓄を預金として預かり、投資資金を必要としている企業に貸付ける金融機関である。銀行の貸付は企業から見たら借入である。今、銀行借入の残高を B で表わすことにする。企業は新たに借入を行えば B が増え、返済を行えば B が減る。

　銀行借入 B はそれ自体投資に影響を与える。というのは、銀

行借入が大きくなれば、企業は返済できなくなることを恐れてそれ以上の借入を躊躇するであろう。借入の減少は、それを用いて行われる投資の減少につながる。

銀行借入が投資に与える影響には、利子率を通じた間接的なものもある。銀行借入が大きくなると、銀行は企業の返済能力に疑問を感じ始めるので利子率を引き上げようとする。利子率が上がると企業は借入に困難を感じ、それを差し控えるであろう。こうして借入に依存する投資も減少することになる。

以上のことから、先に見た国民所得 Y と、今見た銀行借入 B という二つの要因が、究極的に投資の大きさを決めているということがわかる。直接的な効果としては、国民所得は投資を増大させ、銀行借入は投資を減少させる。また、利子率の高さを決めるのも同じく Y と B であり、いずれも額が大きくなれば利子率を引き上げる。ただし、国民所得 Y は、直接的な効果と間接的な効果がプラスとマイナスで逆なのに対し、銀行借入 B は、直接的な効果も間接的な効果もどちらもマイナスで働くのである。

これらのことから、投資を $I(Y, B, i(Y, B))$ として表わすことが可能になるので、総所得 Y の動きを表わす方程式は

$$\dot{Y} = \alpha \left[c \frac{1+\delta\tau}{1+\tau} Y + C_0 + I(Y, B, i(Y, B)) - Y \right]$$

と書き改められることになる。

銀行借入 B の動きを表わす方程式は

第6章　景気循環

$$\dot{B} = I(Y, B, i(Y, B)) - \frac{(1-\delta)\tau}{1+\tau}Y$$

となる。つまり、投資の金額から内部留保の金額を引いた分だけ、銀行借入の残高が増えている。企業は投資資金が内部留保では足りない分だけ銀行から新たな借入を行うのだから、当然の式である。内部留保が投資より多ければ、もちろん、銀行借入の残高が減ることになるが、それは内部留保の余った部分をこれまでの借入を返済することに使うからである。

　今、国民所得 Y と銀行借入 B の動きがそれぞれ止まる点で成り立つ式を考えると

$$c\frac{1+\delta\tau}{1+\tau}Y + C_0 + I(Y, B, i(Y, B)) = Y$$

$$I(Y, B, i(Y, B)) = \frac{(1-\delta)\tau}{1+\tau}Y$$

となる。これらは上の二つの式の左辺、つまり、Y と B の時間微分が 0 となる条件を意味しているが、そのためには右辺も 0 でなければならない。これらの式は、だから、右辺のマイナスの前後をイコールで結んだ式になっているわけである。

　これらの式の右辺と左辺のそれぞれで、国民所得と銀行借入がほんのわずかだけ増加したと考えよう。ほんのわずかの変化だから、相変わらずイコールが成り立つと考えられる。そして、そのためには左辺の変化と右辺の変化そのものも等しくなければならないので、それらもイコールで結ばれるはずである。

第2部　マルクス経済学のマクロ理論

　この数学的な操作を全微分と呼んでいる。上二つの式に全微分を施したものが下二つの式である。

$$c\frac{1+\delta\tau}{1+\tau}dY+(I_Y+I_i i_Y)dY+(I_B+I_i i_B)dB=dY$$

$$(I_Y+I_i i_Y)dY+(I_B+I_i i_B)dB=\frac{(1-\delta)\tau}{1+\tau}dY$$

　これらのうち、上の式では、右辺最初の項が、国民所得 Y がわずかに変化したときに消費がどれだけ変化するかを示している。Y の前は全体として定数であるので、何も変わっていない。基礎消費 C_0 は定数であるので全微分をすれば消えてしまう。

　第2項は同じく国民所得がわずかに変化した場合の投資の変化である。括弧内の最初の項は投資を国民所得で偏微分したもので、国民所得の増加が投資をどれだけ増加させるかということである。後の項は、投資を利子率で偏微分したものに、利子率を国民所得で偏微分したものを掛け合わせてある。つまり、国民所得の増加が利子率の上昇を通じて投資をどれだけ減少させるかということである。全体として、国民所得が投資に結果的に与える影響は、これら二つの要因を足し合わせたものになっているということである。

　第3項は銀行借入がわずかに変化した場合の投資の変化である。括弧内の最初の項は投資を銀行借入で偏微分したもので、銀行借入の増加が投資をどれだけ減少させるかということである。後の項は、投資を利子率で偏微分したものに、利子率を銀行借入で偏微分したものを掛け合わせてある。つまり、銀行借入の増加

128

が利子率の上昇を通じて投資をどれだけ減少させるかということである。全体として、銀行借入が投資に結果的に与える影響は、これら二つの要因を足し合わせたものになっているということである。

　他方、下の式は、左辺全体が表す投資額の変化が、銀行借入の残高が変化しないとすれば、右辺で示された内部留保の変化に等しいという関係を表わしている。

　これを整理して左辺を微分係数のかたちにすれば

$$\frac{dB}{dY} = \frac{1 - c\dfrac{1+\delta\tau}{1+\tau} - (I_Y + I_i i_Y)}{I_B + I_i i_B}$$

$$\frac{dB}{dY} = \frac{\dfrac{(1-\delta)\tau}{1+\tau} - (I_Y + I_i i_Y)}{I_B + I_i i_B}$$

が得られる。いずれも分母はマイナスであるので、分子が交点付近でマイナスなら右上がり、プラスなら右下がりの曲線である。分母がマイナスなのは、分母第1項の I_B がマイナスであり、I_i がマイナスで i_B がプラスなので第2項全体がマイナスだからである。

　上の式の最初の2項は内部留保も含めた貯蓄性向を表わしており、それが括弧内の投資性向よりも小さいとすれば、最初の曲線は右上がりである。下の式の最初の項は**内部留保性向**を表わすが、それは貯蓄性向の一部であり、貯蓄性向よりは当然小さいから、下の式が示す曲線も右上がりで、その傾きは最初の式より急

である。

2本の曲線を図示すると下図のように描ける。

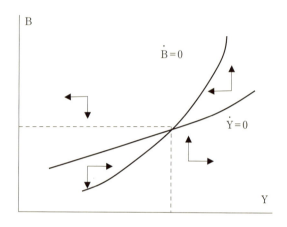

曲線上では、それぞれ、縦軸の銀行借入残高、横軸の国民所得の変化がなくなる。唯一曲線の交点だけが、二つとも変化しなくなる点である。国民所得の時間微分が0になる曲線の右では国民所得は増加する。逆に、左では減少する。

一方、銀行借入の時間微分が0になる曲線の上では、借入が多すぎるという企業、ならびに、貸付が多すぎるという銀行の判断から、銀行借入が減少する。逆に、下では増加する。

これらの変化方向を、図では2本の曲線によって区切られた四つの領域に矢印で描き込んである。この矢印の向きに経済を動かす力が働いているため、曲線の交点にたまたま経済がいない限り、経済は安定点の周りを反時計回りに循環することになる。

6-3. 資本ストックも考慮した経済

　次に、企業の保有する設備や建物の総額である**資本ストック**の変化も入れて考える。資本ストックの動きを表わす方程式は

$$\dot{K} = I(Y, K, B, i(Y, K, B)) - \rho K$$

となる。ここで ρ は**資本減耗率**である。資本ストックは投資によって増加するが、資本ストックが古くなって廃棄される資本減耗によって減少する。資本ストックを考慮に入れたことによって、投資は国民所得、資本ストック、銀行借入という三つの要因から影響を受けるとされている。資本ストックが大きければ、企業はとりあえず投資を抑制するであろう。また、資本ストックが多すぎれば、銀行は企業の収益、したがって、返済能力に疑いを抱くであろうから、利子率が上昇すると考えられる。

　今、国民所得、銀行借入、資本ストックの時間微分が 0 になるという式を全微分すると

$$c\frac{1+\delta\tau}{1+\tau}dY + (I_Y + I_i i_Y)dY + (I_K + I_i i_K)dK + (I_B + I_i i_B)dB = dY$$

$$(I_Y + I_i i_Y)dY + (I_K + I_i i_K)dK + (I_B + I_i i_B)dB = \frac{(1-\delta)\tau}{1+\tau}dY$$

$$(I_Y + I_i i_Y)dY + (I_K + I_i i_K)dK + (I_B + I_i i_B)dB = \rho dK$$

となる。これらを平面上に図示して分析するには、dY、dB、dK

第 2 部　マルクス経済学のマクロ理論

のいずれか一つを 0 にして考えなければならない。

　まず、dK＝0 のとき、3 式は

$$\frac{dB}{dY} = \frac{1 - c\dfrac{1+\delta\tau}{1+\tau} - (I_Y + I_i i_Y)}{I_B + I_i i_B}$$

$$\frac{dB}{dY} = \frac{\dfrac{(1-\delta)\tau}{1+\tau} - (I_Y + I_i i_Y)}{I_B + I_i i_B}$$

$$\frac{dB}{dY} = -\frac{I_Y + I_i i_Y}{I_B + I_i i_B}$$

である。いずれも分母はマイナスであるので、分子が交点付近で
マイナスなら右上がり、プラスなら右下がりの曲線である。分母
がマイナスなのは、分母第 1 項の I_B がマイナスであり、I_i がマ
イナスで i_B がプラスなので第 2 項全体がマイナスだからである。

　いちばん上の式の最初の 2 項は内部留保も含めた貯蓄性向を表
わしており、それが括弧内の投資性向よりも小さいとすれば、最
初の曲線は右上がりである。2 番目の式の最初の項は内部留保性
向を表わすが、それは貯蓄性向の一部であり、貯蓄性向よりは当
然小さいから、下の式が示す曲線も右上がりで、その傾きは最初
の式より急である。最後の式の分母は投資性向であり、2 番目の
式と比べてもさらに内部留保性向がなくなっていることから、こ
の曲線は最も傾きが大きい。

　こうして、3 本の曲線を次の図のように描くことができる。

第6章　景気循環

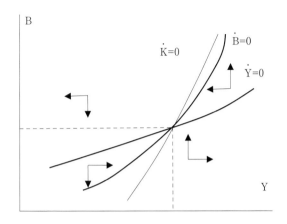

　ただし、平面は横軸がY、縦軸がBで資本ストックKは表示されていないので、3番目の式が示す曲線は影響を及ぼさない。

　残る2本の曲線上では、それぞれ、縦軸の銀行借入残高、横軸の国民所得の変化がなくなる。唯一曲線の交点だけが、二つとも変化しなくなる点である。国民所得の時間微分が0になる曲線の右では国民所得は増加する。逆に、左では減少する。

　一方、銀行借入の時間微分が0になる曲線の上では、借入が多すぎるという企業、ならびに、貸付が多すぎるという銀行の判断から、銀行借入が減少する。逆に、下では増加する。

　これらの変化方向を、図では2本の曲線によって区切られた四つの領域に矢印で描き込んである。この矢印の向きに経済を動かす力が働いているため、曲線の交点にたまたま経済がいない限り、経済は安定点の周りを反時計回りに循環することになる。

　次に、dB＝0のとき、3式は

第 2 部　マルクス経済学のマクロ理論

$$\frac{dK}{dY} = \frac{1 - c\dfrac{1+\delta\tau}{1+\tau} - (I_Y + I_i i_Y)}{I_K + I_i i_K}$$

$$\frac{dK}{dY} = \frac{\dfrac{(1-\delta)\tau}{1+\tau} - (I_Y + I_i i_Y)}{I_K + I_i i_K}$$

$$\frac{dK}{dY} = \frac{-(I_Y + I_i i_Y)}{(I_K + I_i i_K) - \rho}$$

である。いずれも分母はマイナスであるので、分子が交点付近で
マイナスなら右上がり、プラスなら右下がりの曲線である。分母
がマイナスなのは、分母第 1 項の I_K がマイナスであり、I_i がマ
イナスで i_K がプラスなので第 2 項全体がマイナスだからである。
3 番目の式に関しては、それらからさらに資本減耗率を引いてい
るのでマイナスであることには変わりない。ただ、上 2 式の分母
と最後の式の分母がほぼ変わりないことを確認しておく。それは
資本減耗率 ρ がそれほど大きくないと考えているからである。こ
の確認は 3 本の曲線の傾きの大きさを決めるとき重要になる。

　いちばん上の式の最初の 2 項は内部留保も含めた貯蓄性向を表
わしており、それが括弧内の投資性向よりも小さいとすれば、最
初の曲線は右上がりである。2 番目の式の最初の項は内部留保性
向を表わすが、それは貯蓄性向の一部であり、貯蓄性向よりは当
然小さいから、下の式が示す曲線も右上がりで、その傾きは最初
の式より急である。最後の式の分母は投資性向であり、2 番目の
式と比べてもさらに内部留保性向がなくなっていることから、こ
の曲線は最も傾きが大きい。もちろん、最後の曲線に関して、資

本減耗率が大きい場合、分母のマイナスが大きくなるため、2番目の曲線、さらに最初の曲線に比べても傾きが緩くなってしまうこともありうる。しかし、ここでは資本減耗率が十分に小さいと考えておく。

こうして、3本の曲線を下図のように描くことができる。

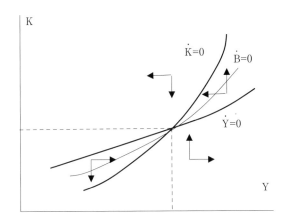

ただし、平面は横軸がY、縦軸がKで銀行借入残高Bは表示されていないので、2番目の式が示す曲線は影響を及ぼさない。

残る2本の曲線上では、それぞれ、縦軸の資本ストック、横軸の国民所得の変化がなくなる。唯一曲線の交点だけが、二つとも変化しなくなる点である。国民所得の時間微分が0になる曲線の右では国民所得は増加する。逆に、左では減少する。

一方、資本ストックの時間微分が0になる曲線の上では、資本ストックが多すぎるという企業の判断から、資本ストックが減少する。逆に、下では、資本ストックが少なすぎるという企業の判

第2部　マルクス経済学のマクロ理論

断から、資本ストックが増加する。

　これらの変化方向を、図では2本の曲線によって区切られた四つの領域に矢印で描き込んである。この矢印の向きに経済を動かす力が働いているため、曲線の交点にたまたま経済がいない限り、経済は安定点の周りを反時計回りに循環することになる。

　最後に、dY＝0のとき、3式は

$$\frac{dB}{dK} = -\frac{I_K + I_i i_K}{I_B + I_i i_B}$$

$$\frac{dB}{dK} = -\frac{I_K + I_i i_K}{I_B + I_i i_B}$$

$$\frac{dB}{dK} = \frac{\rho - (I_K + I_i i_K)}{I_B + I_i i_B}$$

である。いずれも分母はマイナスであるので、分子が交点付近でマイナスなら右上がり、プラスなら右下がりの曲線である。分母がマイナスなのは、分母第1項のI_Bがマイナスであり、I_iがマイナスでi_Bがプラスなので第2項全体がマイナスだからである。

　最初の二つの式で分子は全く同じである。つまり、この二つの式の表わす2本の曲線は重なり合っている。これらの式の分子はマイナスである。分子がマイナスなのは、分母第1項のI_Kがマイナスであり、I_iがマイナスでi_Kがプラスなので第2項全体がマイナスだからである。マイナスの分母、マイナスの分子からなる分数式の前にマイナスの符号がついていることから、この重なった曲線は右下がりになる。

　最後の式は上二つの式の分子に資本減耗率ρを加えた式になっ

136

ている。先ほどと同じく資本減耗率が十分に小さいとすれば、これを加えたからといって分子がプラスになることはない。したがって、この曲線も右下がりになる。ただし、小さいとはいえプラスのρを加えているから、傾きは先の曲線より若干小さくなるはずである。要するに、3本の曲線はほぼ重なり合っている。

こうして、3本の曲線を下図のように描くことができる。

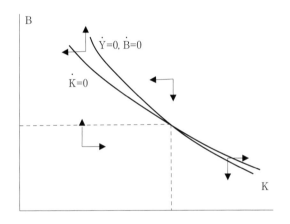

ただし、平面は横軸がK、縦軸がBで国民所得Yは表示されていないので、1番目の式が示す曲線は影響を及ぼさない。といっても、1番目の式が示す曲線は2番目の式が示す曲線と重なり合っていて表示されないが。

残る2本の曲線上では、それぞれ、縦軸の銀行借入残高、横軸の資本ストックの変化がなくなる。唯一曲線の交点だけが、二つとも変化しなくなる点である。資本ストックの時間微分が0になる曲線の右では資本ストックが減少する。逆に、左では増加す

る。

　一方、銀行借入の時間微分が0になる曲線の上では、借入が多すぎるという企業、ならびに、貸付が多すぎるという銀行の判断から、銀行借入が減少する。逆に、下では増加する。

　これらの変化方向を、図では2本の曲線によって区切られた四つの領域に矢印で描き込んである。この矢印の向きに経済を動かす力が働いているため、曲線の交点にたまたま経済がいない限り、経済はそれぞれの領域ごとにある方向に向かって変化を続ける。具体的には、右上の領域と左下の領域に経済があれば、経済は時間とともに交点方向に向かっていく。これらの領域では安定的な動きをすると言っていいだろう。これに対して、左上の領域と右下の領域に経済があれば、その後どんどんと経済が交点から外れていく。これらの領域では経済は不安定な動きをするのである。ただ、既に見たように資本減耗率が十分に小さいとき、不安定な領域は極めて狭い。

　このように、私たちの生きている資本主義では、景気循環が避けがたく発生するというのがマルクス経済学の見方である。もちろん、不景気が永遠に続くわけではないが、全く逆に好景気もやがて終わりを迎えるということだ。さらに、不景気が深刻化していけば、数多くの企業が倒産し、経済的困難に見舞われる人も多くなる。不景気には失業も増加するので、人々の経済厚生は低下していかざるを得ない。資本主義はこうした困難を繰り返し人々に与えながら展開していくものなのである。

第 6 章 景気循環

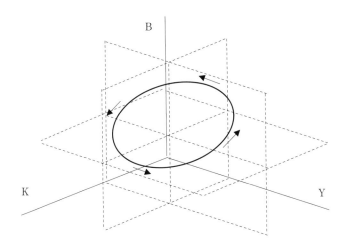

　最後に見た国民所得 Y、銀行借入残高 B、資本ストック K の間での景気循環であるが、軸が全部で三つあるので、実際には上図のような 3 次元空間内での循環となっている。こうした空間内での循環を、Y と B と K の時間微分がすべて 0 になる点を通るような三つの平面に投影した 3 枚の画像を、私たちは見ていたのである。

終　章

マルクス経済学は
今後何でありうるのか

は じ め に

　私たちはここまで、マルクス経済学と呼ばれてきた経済理論の
うち、最も数理的に理解可能な部分だけを詳細に見てきた。その
締め括りとして、今後このマルクス経済学が経済理論の一つとし
て生き残っていけるのか、また、生き残っていくとしたら、私た
ちがそこにどういった意義を見出していけばよいのかを考えてみ
たい。

　物理学でも古典物理学と量子力学という二つの理論体系があ
る。古典物理学は私たちの暮らしているマクロの世界で成り立つ
ことを記述するのにとても適しているように思われる。代表的な
のは古典力学であろう。ただ、光速に近いスピードで運動する物
体を扱うときには古典力学ではダメで相対性理論が必要になる。
また、相対性理論は重力についても、古典力学とは異なる知見を
与えてくれる。

　それでも古典力学と相対性理論をともに含む古典物理学に比べ
て、量子力学が指し示す世界は私たちのマクロの世界の常識を超
えている。そう、それは素粒子といったレベルの極々ミクロの世

141

界を扱うための物理学なのである。

ミクロとマクロという区別は、本書でもそうしたように経済学においても行なわれる。そして、かつて、著名な経済学者ジョン・メイナード・ケインズは、ミクロの常識からマクロの結論を導くことをきつく戒めていた。しかし、ここでは物理学のように、ミクロとマクロでは成り立つ法則が異なるということを主張したいわけでは全くない。そうではなく、現代経済学とマルクス経済学とを比較して、とりわけマルクス経済学のなかに見るべきものがあるかどうかを明示的に問題にしたいのである。

そこで、目的のために、三つのテーマを立てて、両者の比較と、マルクス経済学の現代経済学と比べた特徴の摘出を行なっていきたい。それらは、労働をどう考えるか、階級をどう考えるか、景気循環をどう考えるか、という三つである。

1. 労働は価値なのだろうか

マルクスというと労働こそが価値の根源であると述べた思想家であると理解している向きも多いことだろう。この労働価値説は経済学の父と呼ばれるアダム・スミスによって確立されたと言ってよく、マルクスも 19 世紀に生きた人間として色濃くこの労働価値説を引き継いでいる。アダム・スミスの場合、労働者や資本家という階級が未分化な状態では、人が品物を得るためには何ほどかの労働を必ずしないといけないので、生産に費やされた労働の量に従って品物どうしが交換されるのは当然と考えた。

ただし、資本家が現われ、自らは労働をせずに利潤を手にするようになると、品物の交換比率は必ずしも生産に費やされた労働

終章　マルクス経済学は今後何でありうるのか

には比例しなくなってくる。本書でも見たように、マルクスは利潤率が部門間で均等化する生産価格と、生産に費やされた労働の量に比例する労働価値との間で転形問題を考えたのだった。これに対して、アダム・スミスは、労働価値と交換比率が異なるのは当然と考えた上で、それでもなお労働を品物の価値の物差しとして使おうと考えた。たとえば、ある品物をお前にやるから、私のために何時間か働いてくれ、と誰かに言うのである。それで5時間働いてもらえたならば、その品物の価値は労働5時間分とする。アダム・スミスの労働価値とは実際はこういうものであった。これまでして、アダム・スミスが労働にこだわった理由は、やはり、原始、労働こそが人類が品物を手にするための唯一の手段であったという記憶にあるだろう。

　アダム・スミスの労働で測った価値はマルクスの生産価格と比例する。だから、アダム・スミスの労働価値の場合、生産価格への転形問題は生じない。私たちが既に本書で確認したように、マルクスの転形問題は実際には問題として成り立たない。投入係数行列と労働投入ベクトルが与えられれば、マルクスの労働価値と生産価格はそれぞれ独立に、互いに何の関係もなく求めることが可能である。マルクスはそのことを明示的に理解していたかどうかわからないが、それでも労働と価格の間に根源的な関係を見出そうとしていた。それが、合計は一緒であって、最初に生み出された労働価値はきちんと価格を規制する要因として生きているという思いであり、総計一致の3命題と呼ばれるものだった。だが、これも確認したように、総計一致の3命題のうち、いずれか一つしか成り立たせることができない。もちろん、どれ一つも成り立たないことも可能であるから、合計にこだわることにも意味

143

はないのであった。マルクスは比率だけが問題であるはずの価格について、その具体的に数値そのものにこだわるという誤りを犯していると言わざるをえない。それでも、マルクス経済学では、マルクスの思いを受け継ぐかたちで労働を尊び、労働なくして価値というものが存在しないと考えられてきた。

　だが、そもそもマルクスという人は、若いころから労働を人類に課された苦役と考え、やがて人類が労働から解放されることを夢見てきたのではなかったか。ここには、マルクス経済学におけるある種の倒錯が現出しているのである。マルクスは労働せざるをえない状況は人間にとって幸福なものではない、と考えていた。生きるために働くというのは、本書でもそういう扱いをしたように、人間にとっては労苦である。むしろ、人間は自分が好きなことを生存とは別に自由に行なうことができる時間、余暇を好むものである。だから、その労働をあまりしなくてもよくなれば、絵を描いたり、釣りに行ったり、仲間とおしゃべりしたりという楽しみのために時間を費やせるからいいのだ。これがマルクスの若いころからの考えである。

　この考えは晩年まで変わらなかった。マルクスは、社会主義革命後の社会でもしばらくの間は労働を必要とするとしていたが、共産主義社会と呼ばれる生産力が高まった状況になるとほとんど労働する必要がなくなるだろうと考えていた。そこで人々はどれだけ労働したかで生活物資を与えられるのではなく、必要に応じて、好きなだけ受け取れるのだとマルクスは言っている。実際にマルクスが目にしていた19世紀の経済発展を見れば、目覚ましい生産力の向上によってほとんど働かなくてもよい時代が来ることが、素朴に信じられたのであろう。

144

同じようなことはケインズも述べている。彼は 20 世紀の初頭から半ばにかけて経済学者として活躍したが、100 年もあれば経済問題はなくなるだろうと言っている。経済問題というのは物資の不足と、その希少な物資を労働などの対価を払って受け取るという問題であるから、ここでもやはり豊富に物資が与えられる生産力の上昇に期待を託しているのである。

もちろん、ケインズの予言どおり、目覚ましい経済力の発展によって物資は溢れるほどになり、人々は長時間働かなくても生活ができるようになっている。だが、貧困などの経済問題はなくなっていない。ここには、社会主義者でなかったケインズが、所得分配の不平等が引き起こす問題をあまり重視しなかったことが如実に現われているだろう。実際、世界の各所に貧困な国や地域があるのは、国際的な富の偏在が原因となっている。また、ピケティが指摘したように、今世紀になってから国内的にも所得格差は拡大している。それは長らく平等な社会と言われ続けてきた日本においても例外ではない。

ここで確認しておきたいのは、マルクスは労働を価値の源泉として重視したと言うときに、別に働くことを尊いと言っていたわけではないということである。だから、現代経済学をマルクス経済学と区別するのは、労働を尊いものと考えているのか、できれば避けたい労苦と考えているか、という違いではない。どちらでも、労働は苦役なのである。

2. 所得分配は何によって決まるか

序章で見たように、ピケティは資本収益率 r が経済成長率 g

を上回る限り、資本所有者と勤労者国民との所得格差は拡大していくと主張していた。ピケティは所得格差の過度の拡大は望ましくないと考えているのだから、そのためには r に対して g を引き上げていかなければならない。

　本書で見たように、資本家がすべての利潤を消費せずに生産の拡大のために投資すれば、最大成長率が達成される。このときに r＝g である。しかし、そうはなっていないので、現実の成長率は最大成長率を下回り、ピケティの論理では所得格差が拡大していく。資本家も人間である以上、消費をすることが必要であるし、しかも、勤労者国民よりはかなり贅沢な消費をしそうである。現実には、国内にあまり儲け口がないような状況を見て、海外や金融資産に投資をすることも珍しくないだろう。だが、それでは自国の経済成長率は一向に高まらない。現在の日本ではそれに近い状況になっている。

　私たちの解釈では、マルクスの搾取とは、労働者の労働だけが価値を生むのだから、すべてを労働者に引き渡すべきだ、という主張ではない。そうではなく、資本家の消費を0にして最大成長率を達成すべきだという政策論的な主張と考えられる。資本家の消費を0にするためには資本家という人間が存在してはいけないので、マルクスの場合、社会主義革命を、ということになる。

　社会主義者でなかったケインズは、もちろん、資本家をなくせとは言わない。ただ、ケインズの主張もここでの文脈ではマルクスと一緒である。ケインズは金利生活者と呼ばれる人々が、生産のための投資ではなく金融資産への投資だけをしていて、イギリス国民のためになっていないと批判を繰り広げたのであった。あえて言う必要もないが、ケインズはこの意味で搾取批判論者であ

146

終章　マルクス経済学は今後何でありうるのか

る。

　現代経済学ではもちろん搾取ということは言わない。現代経済学は労働だけでなく、資本や土地も生産要素として横一列に並べ、それぞれが生産への貢献に応じて報酬を得るという論理を展開する。だからどうだと言いたいのではない。なかでも、労働者は生身の人間だから放っておいても働くのであり、生産力を言うことに意味はあるが、機械や設備のことである資本は放っておいて動くものではないので、生産力云々はナンセンスである、などという野暮ったいことなど言うつもりはない。ただ、これは現状をそのまま論理的に既述しただけであって、それ以上の積極的な意味を持つものではないことはキチンと指摘しておくべきだろう。

　マルクスより若干年上の経済学者、ジョン・ステュアート・ミルは、効率化されている限り生産はまさに自然法則に従っているが、所得分配は自由の領域だと述べた。これは正しい。生産要素の最後の追加部分がもたらす生産能力に比例して報酬が与えられるというのは、どう考えても自然法則と同じ意味での法則ではない。述べているのは、私たちの経済ではそういった論理に従って所得分配が行なわれていて、それで回っているということだけなのである。この意味で経済法則という言い方は誤った理解につながるだろう。

3.　階級とは　代表的個人とは

　階級はもちろん身分ではない。身分的には、現代はみな平等である。少なくともそういうことになっている。ならば、経済的階

147

級とは何か？　それは、経済のなかでの機能の違いである。資本を所有している人と所有していない人が経済のなかで果たす役割はそれぞれ違う。それをマルクス経済学では階級と呼んできた。本書でも、資産をたくさん持っているブルジョアと全く持っていないプロレタリアとを階級として区別した。それだけでなく、資産の多寡に応じて五つの階級に分けたのであった。

　しかし、現代経済学では階級ということを問題にしない。ミクロ経済学では人はみな消費者であるとして消費の理論をまず展開する。次いで、生産の理論なのだが、生産は生産要素である労働と資本の結合の問題であって、人間的要素は極力捨象されている。労働すら生身の人間との関係ではなく、時間売りされる一つの財として記述される。資本もその所有者がいるはずだが、あくまでも財としての資本サービスそのものだけが描写される。企業組織は基本的に現われない。企業の理論は全く別な項目であるため、基礎的なミクロ経済学では経営者という人間が現われることもない。

　それでも物財間の数学的な関係の記述であるミクロ経済学では、大きな違和感が生じることはないのかもしれない。だが、かなりリアルに一国経済を論じるマクロ経済学では問題は大きいと言わねばならないだろう。現代マクロ経済学では代表的個人が理論の前提になっている。代表的個人というのは一国の経済を構成している数多の人々の、単純な算術的平均像である。彼または彼女は平均的な時間だけ労働するとともに、国民の平均にちょうど等しい資本も所有している。だから、彼は平均的な賃金と平均的な利潤を同時に受け取る、勤労者でもあり資本家でもあるような人間である。であれば、現代マクロ経済学が所得格差の問題を取

終章　マルクス経済学は今後何でありうるのか

り扱えないのは、もはや当然のことだろう。

　一昔前のマクロ経済学ではそうではなかった。現代マクロ経済学のような状況になる前のマクロ経済学は、ケインズ経済学と呼ばれていた。マルクス経済学と同じように、経済学者個人の名前を冠した経済理論だったのである。そのケインズも機能的階級を明確に区別していた。それらは、金利生活者、産業経営者、労働者である。金利生活者は資本の所有者だが、高い金利をもたらす金融資産への投資を好む人々のことである。産業経営者は資本を借用して労働者を雇い、生産を行なう、国民の実体経済の担い手である。金利生活者の存在は国内の生産に用いられる資本を減らして経済成長を妨げ、結果として労働者を多数失業させる。こうしてケインズは財政を用いたり、貨幣量を調整したりする経済政策を提言し、失業の減少を期すと同時にイギリス病の解決を図ったのであった。

　ケインズは金利が産業利潤率より高いと、投資が金融資産にだけ向かって実物経済に向かわないのでイギリス病が発生するとして、高金利と徹底して戦った。しかし、ケインズは同時に、業を煮やしたかのように投資の社会化も言う。これは、結局低生産性をもたらす、大企業の国有企業化のきっかけとなった。

　こうしたケインズの理論を受け継いだ一昔前のマクロ経済学では、階級間での所得分配は確かに問題にされていた。典型的なのは、技術進歩が生じたとき、資本所有者と労働者との間での所得分配に余分な影響を与えないためには、そこにどのような条件が必要かという、中立的技術進歩の議論である。ただ、それはマルクス経済学とは違い、現状の所得格差をどうするかとは一切関係なく、現状を変更しないことのみの議論であった。

149

4. なぜ代表的個人なのか

　それにしても、なぜ現代マクロ経済学では代表的個人などという、およそ非現実的な想定が必要になったのだろうか。これは、ノーベル賞経済学者、ロバート・エマーソン・ルーカスの言う経済学の分裂状態を解消するためだったと言っていい。ミクロ経済学では当初から、消費者の効用の最大化、生産者の利潤の最大化という、いわゆる最適化行動に基づいて理論を組み立てていた。これに対して、マクロ経済学ではそのような想定は全く行なわれていなかった。消費者は与えられた所得の一定割合を消費するのみである。生産者は利潤を最大化するように生産するのではなく、需要がある限りで生産をするという想定がされていた。

　むしろ、ケインズはこのミクロとマクロの決定的な差を強調すらしていた。合成の誤謬である。ミクロの世界では、人は所得から多くの貯蓄をすることで豊かになることができる。しかし、マクロの世界でみなが貯蓄をしたらどうなるだろうか。消費の減少によって需要が不足するため、生産が縮小する。結果、人々の所得が減って、豊かになるどころか貧しくなってしまうのである。

　私も東京大学で経済学を学び始めたとき、ミクロ経済学とマクロ経済学の想定の違い、理論構成の違いに大きな違和感を覚えたものである。だから、ルーカスが現代マクロ経済学の勝利を高らかに謳い上げた著書のなかで、経済学の分裂状態に終止符が打たれたと書いたとき、とても感動したのを覚えている。

　この議論を当時、マクロ経済学のミクロ的基礎付けと呼んでいた。つまり、マクロ経済学に個人の最適化行動を導入し、マクロ

終章　マルクス経済学は今後何でありうるのか

経済学の理論をそうしたミクロ的想定に基づかせるべきだということである。だが、そうはいっても一国の経済を構成する個人は一人ひとり全く異なっている。資本の所有額が違えば所得も違うので、消費額も違うだろう。また、同じだけ消費したとしてもどれだけ効用を得るかは、人それぞれである。これらをいくつかのパターンに分けたとしても、どういう人口比にするかということで、マクロ的な消費のあり方も全く違ってくる。

　こうして出てきたのが代表的個人という発想だった。効用の感じ方も、所得も、資本の所有額も、すべてが全体の算術平均となっているような個人を考える。そういう全く同形の個人が多数集まっているのが一国の経済であるとするのである。つまり、一国の経済のパフォーマンスはすべてこの代表的個人が選択し、判断し、行動した結果として現出すると見做そうということである。ちょっと信じられないかもしれないが、これこそ現代マクロ経済学が全面的に依拠する理論的想定なのだ。

5.　みんなが景気循環を望んでいるのか

　代表的個人は保有する資本と生産に必要な技術を前提にし、自分の労働時間を決めて所得を決める。そのときに何を最大化しようとしているかと言えば、現在から無限の将来までの効用の合計である。人々は遠い将来の効用を現在より低く評価する傾向を持っているから、無限の将来までの効用を足し合わせたとしても無限大にはならない。

　このように足し合わせた効用を最大化するには、無限の将来までの状況を予測しておかなければならないことは言うまでもない

151

だろう。人はとにかく現在手に入っている情報をフル活用して予測をすると考えるのは、経済学としては当然である。せっかく代表的消費者などという無理な想定をしてまで最適化行動を考えたのに、予測の仕方がいい加減な代表的個人では理論にならないからである。もちろん、現在手に入る情報では完全な予測は無理だから、結果は予測とは微妙に異なってくるだろう。しかし、そのズレは、天候が良くて豊作になると予測したのにそうでもなかった、とか、あまり収穫がないと予測したのに台風が逸れて豊作になったとか、いい方にも悪い方にも同じように外れることだろう。こうしてランダムに散らばる誤差を除けば、人は将来の経済状況をほぼ確実に予測できると考えられる。このことを予測が合理的であると表現する。

　もし、そのような意味で予測が合理的なら、不景気や好景気という景気循環はどのようにして生じるのか疑問になる。結果と予測のズレに大した違いはないのだから、長く予想外の好景気が続くとか、逆に、不景気になるとかというのは説明ができそうにないからである。だから、最初、景気循環は何か経済外からのショックが原因だという説明がなされた。たとえば、来年は天候不順で、頑張って働いても収穫が減るだろうと予測されたとしよう。それなら、働いても見返りはないのだから、人は来年あまり働かないことを選択して、低い所得に甘んじるだろう。豊富な余暇で効用をカバーすればいいからである。

　ところが、このことは来年だけにとどまらない。所得が少ないと消費も少ないが投資も少なくなる。投資はある時間を経てから生産能力になるので、天候不順の影響は単年度にとどまらず、何年か後の生産能力の不足として影響を与え続ける。こうして、天

終章　マルクス経済学は今後何でありうるのか

候不順がきっかけとなっていわゆる不景気状態が訪れるのである。こうして、景気循環とは、代表的個人が最適化行動をした結果であるという説明になる。人々は不景気の間もみんな幸せなのである。

　だが、これは明らかにおかしい。好景気にみんな幸せなのはわかるが、不景気にもそうだと言ったら、経済学者は失業者に殴られるかもしれない。そこで、最近は予測が合理的で本当はその予測に従って最適化行動をしたかったのだが、何らかの障害があってそれができなかったことが景気循環の原因であるという説明のされ方が好まれるようになった。主に、生産者が品物の価格や賃金を変更することに困難があるというのである。たとえば、品物の価格を上げるべきなのだが、メニュー表の書き換えに費用がかかるために書き換えをあきらめた場合を考えよう。すると、利潤の減少というかたちで生産者の所得が減ってしまう。こうした状況は書き換えができるまで続くから、しばらくの間不景気状況が訪れるのである。また、賃金を引き下げなければならないのに、それをすると労働者が働かなくなるので引き下げられない状況を考えよう。これもやはり利潤の減少というかたちで生産者の所得を一定期間引き下げることになるだろう。

　いずれにしても、現代マクロ経済学はミクロ経済学的な最適化行動を導入した結果、理論的な整合性を確保する一方で、一般の人々には難解で、かつ、非現実的なものになってしまっていることがわかってもらえただろう。とりわけ、所得分配が全く問題にできなくなっていることは極めて重大な欠陥である。ピケティがアメリカでの現代経済学の研究を止めて『21世紀の資本（論）』を書かざるをえなかった原因もそこにあるだろう。

153

おわりに

　本章では現代経済学との比較対照を通じてマルクス経済学の現代的な意義を炙り出してきた。それは徹底して所得分配の何が問題であり、どのような改善の余地があるかという理論的な問いということであった。そもそも本書自体がマルクス経済学の合理的再構成を目的にしたものであったと言っていい。

　序章でマルクスが経済学批判を口にした意味を問うてみた。確かにマルクスは俗流経済学やブルジョア経済学という言葉を用いて、既存の経済学を批判している。現代においても、まだいるかどうかはともかくマルクス経済学者たちは、現代経済学をそういった間違った理論として批判して、マルクス経済学こそ真の経済学だと言い張っているかもしれない。だが、こうした言辞はどちらがキリスト教の正統か異端かというような、イデオロギー的なレッテル張り以外のものではない。経済学の発展を考えるとき何の役にも立たないのである。

　やはり、序章で私は、マルクスの経済学批判というのは、カントの理性批判と同じく、方法論的吟味と考えるべきだという解釈を示した。マルクスが現代に残したもの、というより、マルクスの遺産でまだ価値を失っていないものがあるとすれば、こうした経済学の方法や学問作法への吟味の眼差しを措いて他にはない。

　マルクスは経済社会的現実を追認して理論化した経済学上の記述を、自然法則扱いすることを忌避する。しかし、自然というレトリックが昔から好きだった経済学ではアダム・スミスの時代から自然という言葉を多用したがるのである。マルクスは自然と

終章　マルクス経済学は今後何でありうるのか

言った途端に変えることができないもの、不変の真理として肯定されてしまうことにとても警戒的である。

　例をあげてみよう。アダム・スミスは賃金、利潤、地代の自然な率を成り立たせる価格を自然価格と呼んでいる。マルクスはこれを嫌って、本書で見たように生産価格と言い直した。スウェーデンの優れた経済学者、クヌート・ヴィクセルは、物価を変動させない利子率を自然利子率と呼んだ。現実の利子率が自然利子率を上回る場合、物価が下落する。逆の場合、物価が上昇する。ヴィクセルは19世紀末から20世紀初頭にかけて経済学者として活躍したからマルクスは直接批判することができなかった。代わりに、ケインズがヴィクセルの理論を換骨奪胎して自分の理論を作ったときに、自然利子率という言葉を採用しなかった。自然利子率はその名から連想されるように不変のものではなく、相当程度に変動するものだからだ。現在、マイナス金利政策提唱者たちが自然利子率という言葉を復活していることには警戒が必要である。

　本書でも使った自然成長率は、ケインズの弟子であるロイ・ハロッドが使い始めた。ここでは経済の内部事情によっては変化しないという意味で自然という語が使われている。これは労働人口増加率に等しく、経済とは関係なく人間の生殖行動によって決まるという意味で外生的ということだろう。しかし、人口自体が減少している現代日本でも、労働人口増加率は極々小さいプラスの値である。これは女性や労働者の労働力化率が高まっているためであり、もちろん経済や所得の状況から影響を受けてのことである。それに、そもそも少子化は若年層が低所得化して、未婚率や出生率が下がっていることが原因であり、経済的原因が顕著であ

155

る。さらに、本書では扱わなかったが、自然成長率は労働人口増加率に労働生産性上昇率を加えたものであるから、経済にとって内生的な部分も大きい。本書でも慣習に従って自然成長率としたが、社会的成長率とでも言っておいた方がよかったかもしれない。

　現代マクロ経済学において、ノーベル賞経済学者、ミルトン・フリードマンらが使い始めた言葉に自然失業率がある。ケインズ経済学では完全雇用と呼ばれる失業 0 の状態が求められたが、フリードマンは一定の失業があるのが正常だとして、その意味を込めてこの言葉を使った。現在は、より中立的なインフレ非加速的失業率と呼び変えられていることも多い。

　現在言うところの失業と貧困の問題は、19 世紀前半の経済学者トマス・ロバート・マルサスによって人口法則が原因と主張された。これは、人口は自然な傾向としてネズミ算式に増加するのに雇用は直線的にしか増加しないので、失業と貧困は不可避であるという内容である。マルクスはこれを嫌い、資本主義的人口法則という言葉を使った。経済は発展するのに過剰な労働を必要とするので、資本家たちは人口増加よりも資本蓄積を低く抑えることで過剰人口プールを失業者、貧困者として確保するというのである。だから、これは自然法則でも何でもなく、現状の経済が抱える問題だと言うのだ。もちろん、マルクスが現代に甦れば、フリードマンにも同じことを言うだろう。フリードマンも亡くなったから、もうあの世で言われているかもしれない。

　自然という言い方は単なるレトリックであり、不変のもので経済状況とは関係がないというニュアンスを含んでしまう。しかし、これは社会科学にとってあるべき態度とは言えない。経済学

に限らないが、学問も人間の営みであるから、こうした欺瞞や怠慢が入り込む恐れは常にある。私たちはそのたびに、こうしたことに極度に警戒的であったマルクスに立ち返って、自らを戒めていかなければならないだろう。

索　引

あ

アーチザン　58

か

価格　20
価格ベクトル　40
拡張投入係数　22
拡張投入係数行列　40
価値生産物　65
基礎消費　124
勤労者　83
経済成長率　103
国民所得　81
雇用量　101

さ

最大成長率　23, 42
搾取　19
搾取階級　60
搾取率　19
資産　51
自然成長率　85
資本家　20, 83
資本係数　84, 102
資本減耗率　131
資本ストック　101, 131
資本蓄積率　84, 105
社会的必要生産量　16
社会的必要生産量ベクトル　27
社会的必要労働　18, 36
収入　65
純生産物　16

消費　81
消費性向　121
小ブルジョア　57
剰余価値　64
剰余労働　19
生産価格　62
生産量ベクトル　42
設備稼働率　102
総供給　116
総需要　116
総賃金　123
総利潤　123

た

体化労働時間　18
体化労働時間ベクトル　37
弾力性　111
中間生産物　16
貯蓄　82
貯蓄性向　83, 121
賃金　20, 81
賃金主導型経済成長　114
賃金分配率　114
賃金率　101
転形問題　62
投資　82
投資性向　121
投入係数　16
投入係数行列　26

な

内部留保　124

159

内部留保性向　129

は
配当　124
パシネッティの定理　94
半プロレタリア　58
被搾取階級　60
ブルジョア　54
プロレタリア　55
ホーキンス＝サイモンの条件　33
保証成長率　104

ま
マルクスの基本定理　23

や
余暇　52
余剰生産物　23, 42

ら
利潤　20, 81
利潤主導型経済成長　114
利潤賃金比率　122
利潤分配率　84
利潤率　20, 84, 101
利子率　90, 118
レオンチェフ逆行列　33
労働価値　61
労働市場　52
労働者　16
労働者消費量　16
労働者消費量ベクトル　27
労働人口増加率　85
労働生産性　103
労働投入ベクトル　27

山﨑好裕（やまざき　よしひろ）

福岡大学教授（経済学部・大学院経済学研究科）

1988 年東京大学経済学部卒業

1993 年東京大学大学院経済学研究科修了

2001 年福岡大学経済学部教授

『経済学の知恵』、『おもしろ経済学史』、『経済学オープンセサミ』（いずれも
　ナカニシヤ出版）他、著書・論文多数。

入門数理マルクス経済学

2019 年 12 月 25 日　　初版第 1 刷発行　　（定価はカヴァーに表示してあります）

著　者　山﨑好裕

発行者　中西　良

発行所　株式会社ナカニシヤ出版
　　　　〒 606-8161　京都市左京区一乗寺木ノ本町 15 番地
　　　　　　TEL 075-723-0111　　FAX 075-723-0095
　　　　　　　　http://www.nakanishiya.co.jp/

装幀＝宗利淳一デザイン
印刷・製本＝亜細亜印刷
© Yoshihiro Yamazaki 2019
＊落丁・乱丁本はお取替え致します。
Printed in Japan.　ISBN978-4-7795-1425-8　C1033

本書のコピー、スキャン、デジタル化等の無断複製は著作権法上での例外を除き禁じられて
います。本書を代行業者等の第三者に依頼してスキャンやデジタル化することはたとえ個人
や家庭内での利用であっても著作権法上認められておりません。

入門社会経済学【第2版】
資本主義を理解する
宇仁宏幸・坂口明義・遠山弘徳・鍋島直樹

ポストケインズ派、マルクス派、新リカード派等、非新古典派の共有する理論を解説。日本における格差や貧困問題、世界的な産出量の問題や失業等、資本主義の新たな局面を理解するうえで有効な視座を提供する。　　　　三〇〇〇円

入門制度経済学
シャバンス著／宇仁宏幸ほか　訳

シュモラーや旧制度学派などの古典的な制度経済学から、比較制度分析や新制度学派、レギュラシオン理論からコンヴァンシオンなど最新の経済理論まで、制度をめぐる経済学の諸潮流をコンパクトに解説する。　　　　二〇〇〇円

ポストケインズ派経済学入門
ラヴォア著／宇仁宏幸・大野隆　訳

市場への介入と完全雇用政策を主張し、自由市場政策と新古典派経済学への体系的な代替案を提示するポストケインズ派経済学。従来難解で知られたその理論を初学者向けに平易に解説する画期的入門書。　　　　二四〇〇円

福祉の経済思想家たち【増補改訂版】
小峯敦　編

貧困・失業問題の発見から福祉国家のグランド・デザイン、福祉国家批判から新しい福祉社会の模索まで、「福祉＝良き社会のあり方」をめぐって格闘した経済学者たちの思考の軌跡をたどる。新しい経済思想史入門。　　　　二五〇〇円

表示は本体価格です。